Pe. LOURENÇO KEARNS, C.Ss.R.

# Devoção a
# MARIA

EDITORA
SANTUÁRIO

DIREÇÃO EDITORIAL:
Pe. Fábio Evaristo R. Silva, C.Ss.R.

CONSELHO EDITORIAL:
Pe. Ferdinando Mancilio, C.Ss.R.
Pe. Marlos Aurélio, C.Ss.R.
Pe. Mauro Vilela, C.Ss.R.
Pe. Victor Hugo Lapenta, C.Ss.R.
Avelino Grassi

COORDENAÇÃO EDITORIAL:
Ana Lúcia de Castro Leite

COPIDESQUE:
Luana Galvão

REVISÃO:
Denis Faria

DIAGRAMAÇÃO E CAPA:
Bruno Olivoto

**Dados Internacionais de Catalogação na Publicação (CIP)**
**(Câmara Brasileira do Livro, SP, Brasil)**

Kearns, Lourenço
    Devoção a Maria / Lourenço Kearns. – Aparecida, SP: Editora Santuário, 2017.

    ISBN 978-85-369-0500-6

    1. Maria, Virgem Santa – Culto 2. Maria, Virgem Santa – Devoção I. Título.

17-04608                                                    CDD-232.91

**Índices para catálogo sistemático:**
1. Maria, Virgem, Santa: Devoção: Mariologia
232.91

1ª impressão

Todos os direitos reservados à EDITORA SANTUÁRIO – 2017

Rua Pe. Claro Monteiro, 342 – 12570-000 – Aparecida-SP
Tel.: 12 3104-2000 – Televendas: 0800 - 16 00 04
www.editorasantuario.com.br
vendas@editorasantuario.com.br

Uma palavra de agradecimento ao padre Rodrigo Augusto de Souza, C.Ss.R., que caridosamente corrigiu o texto e ajudou com seus conselhos.

# Introdução

Este livro é sobre Maria, Mãe de Deus, que, desde o dia de nosso batismo, é também nossa mãe. Na cruz, Jesus deu sua mãe para sua Igreja, na pessoa do apóstolo João: "Eis aí a tua mãe". E Jesus disse a Maria: "Eis aí teu filho" (Jo 19,26-27). Nele não pretendo apresentar um tratado teológico complicado sobre Maria. Quero simplesmente animar e promover a devoção a nossa querida mãe Maria. É para conhecer mais a pessoa de nossa mãe Maria e melhor rezar para ela.

Nós, católicos, herdamos algum tipo de devoção a Maria, de nossa família, da primeira catequese, das festas marianas e novenas celebradas em nossas paróquias. Foram momentos de grande alegria, algo bem simples, algo bem especial, que marcaram nossa vida e nossa espiritualidade. Todos temos em nós a imagem da mãe e, por isso, é fácil sentir-nos em casa com nossas devoções marianas, porque Maria é mãe – ela é nossa mãe.

O foco de toda devoção mariana está no simples fato de ela ser nossa mãe. É esse seu maior título – Maria é mãe. Nas devoções marianas, não precisamos de cerimônias ou liturgias difíceis e complicadas. Basta ficar na presença amorosa e materna de Maria nossa mãe. Maria é mãe de Deus e nossa mãe. E mãe é mãe.

Quero primeiro apresentar como era a devoção mariana antes do Concílio Vaticano II. Vamos descobrir que havia muitas riquezas nessa devoção, mas também alguns erros, que poderiam existir até hoje e que prejudicariam uma devoção mariana mais adulta, responsável e comprometida. Vamos tentar ver essas maravilhas e também essas falhas, e descobrir um possível caminho de conversão em nossas devoções marianas.

Depois vamos ver as doutrinas do Concílio Vaticano II, da nova catequese católica e, finalmente, do recente Documento de Aparecida sobre a pessoa de Maria e a devoção que lhe devemos. Houve a tentativa de corrigir alguns erros e de nos dirigir para uma devoção mais autêntica. Toda devoção mariana deve dirigir-nos para seu Filho Jesus, nosso Salvador. A devoção mariana começa voltando-se para Maria, mas precisa, necessariamente, terminar em seu Filho Jesus, que nos dirige a seu e nosso Pai. Portanto, toda devoção mariana é no final cristocêntrica.

Vamos, em seguida, ver as devoções e títulos de Maria, para podermos meditar e experimentar seu amor em nossa vida. Finalmente, vamos rezar a Maria, como mãe e modelo dos Religiosos, e, finalmente, fazer uma reflexão orante sobre o ícone de Nossa Mãe do Perpétuo Socorro.

Que Maria nos ajude nestas reflexões, para podermos acolher seu amor e também o desafio de viver nossa fé na vida cotidiana e nas coisas simples da vida.

Maria, Mãe do Perpétuo Socorro, rogai por nós.

## ORAÇÃO DE CONSAGRAÇÃO A MARIA

Minha Senhora e minha mãe, eu me ofereço todo a vós e, em prova de minha devoção para convosco, consagro-vos, neste dia, meus olhos, meus ouvidos, minha boca, meu coração e todo o meu ser. E, porque sou vosso, ó incomparável mãe, guardai-me e defendei-me como filho(a) e vosso(a). Amém.

# 1
# Devoção Mariana antes do Concílio Vaticano II

E, na verdade, a Santíssima Virgem é, desde os tempos mais antigos, honrada com o título de "Mãe de Deus", e sob a sua proteção se acolhem os fiéis, em todos os perigos e necessidades. Foi, sobretudo, a partir do Concílio de Éfeso que o culto do Povo de Deus a Maria cresceu admiravelmente (Vat. II, *Lumen Gentium*, Cap. VIII, n. 66).

A devoção a Maria, a mãe de Jesus, é uma constante na história do povo brasileiro. Ao longo do processo evangelizador em terras brasileiras, o evangelho foi anunciado, apresentando a Virgem Maria como a expressão mais sublime de fidelidade. A devoção a Maria é elemento qualificador da genuína piedade da Igreja no Brasil, e podemos afirmar que a experiência mariana pertence à identidade popular (Doc. de Aparecida, n. 2).

> Ao celebrar o ciclo anual dos mistérios de Cristo, a santa Igreja venera com particular amor a bem-aventurada mãe de Deus, Maria, que por um vínculo indissolúvel está unida à obra salvífica de seu Filho; em Maria a Igreja admira e exalta o mais excelente fruto da redenção e a contempla com alegria como puríssima imagem do que ela própria anseia e espera ser em sua totalidade (...). É em comunhão com a santíssima Virgem Maria e fazendo memória dela que a Igreja oferece o Sacrifício Eucarístico. Na Eucaristia, a Igreja, com Maria, está como que ao pé da cruz, unida à oferta e à intercessão de Cristo (*Catecismo da Igreja Católica*, 1172 e 1370).

Sem dúvida, sempre existiu na Igreja algum tipo de devoção a Maria. Os fiéis sempre procuraram em Maria ajuda, modelo da vida cristã, proteção e, até às vezes, seu último recurso. Maria sempre foi nossa Mãe do Perpétuo Socorro. É interessante como Maria sempre servia como uma porta para encontrar-se com Deus, ou como a intercessora nossa diante de Deus. Não é de hoje a verdade da expressão: "a Jesus por Maria".

Vamos ver e examinar algumas qualidades excelentes da devoção mariana antes do Concílio Vaticano II.

1 – A devoção mariana sempre foi uma devoção popular, que servia como caminho seguro para nos dirigir a Deus. Não havia nessa devoção muita preocupação com explicações teológicas. Era mais uma questão de expressão e experiência de fé no amor e na proteção de Maria. Era uma devoção afetuosa e carinhosa. O documento dos Bispos da América Latina e Caribe em Aparecida disse o seguinte:

> Em nossa cultura latino-americana e caribenha, conhecemos o papel que a religiosidade popular desempenha, especialmente a devoção mariana, contribuindo para nos tornar mais conscientes de nossa comum condição de filhos de Deus e de nossa comum dignidade perante seus olhos (Doc. de Aparecida, n. 18).

## 1 • Devoção Mariana antes do Concílio Vaticano II

O Valor incomparável do ânimo mariano de nossa religiosidade popular reside em conduzir a Cristo, Senhor da vida, em quem se realiza a plenitude da vocação humana (Doc. de Aparecida, n. 43).

Eis a chave para entender toda a devoção mariana: Maria conduz-nos a Cristo, que é a única fonte de toda graça e de salvação. Maria não salva, mas orienta-nos para nosso Salvador.

E, faltando vinho, a mãe de Jesus lhe disse: "Eles não têm vinho". Disse-lhe Jesus: "Mulher, que tenho eu contigo? Ainda não é chegada a minha hora". Sua mãe disse aos serventes: "Fazei tudo quanto Ele vos disser" (Jo 2,1-11).

2 – Devoção mariana foi um elemento essencial para manter a fé, especialmente entre o povo simples de Deus, em circunstâncias difíceis da história religiosa do Brasil. Não havia tanta organização da Igreja no tempo do império ou da república como hoje, com dioceses e paróquias bem organizadas para o atendimento espiritual do povo. Fora dos grandes centros, e especialmente na área rural, os cristãos não tinham muito contato com uma liturgia frequente, com a catequese ou com a pregação dominical. Faltava um clero, religioso e diocesano, suficiente para cuidar da maioria do povo cristão. Às vezes, um padre aparecia uma ou duas vezes por ano, para atender confissões, celebrar missa, casamentos e batismos. Diante de uma evangelização deficiente, foi por meio de Maria que o povo se abriu à mensagem evangélica. Em Maria o povo, a partir de suas raízes culturais, descobriu a porta de entrada para assimilar o Evangelho. E a fé do povo do interior foi mantida graças às devoções marianas. Muitas vezes, o que ajudou as pessoas a rezarem a terem uma experiência de Deus, sem a presença dos padres, foi a reza do terço em família e/ou na comunidade. Vimos esse fato claramente na devoção a Nossa Senhora de Aparecida:

Durante 15 anos seguidos, a imagem (Aparecida) ficou com a família de Felipe Pedroso, que a levou para casa, onde as pessoas da vizinhança se reuniam para rezar. A devoção foi crescendo no meio do povo e muitas graças foram alcançadas por aqueles que rezavam diante da imagem (www.catequisar.com.br).

Sempre havia também as festas marianas, com suas novenas e procissões, que mantiveram firme a fé do povo. E, desde cedo, houve romarias para centros marianos em todo o Brasil, que eram uma celebração da grande fé do povo.

3 – As festas marianas não somente eram acontecimentos religiosos, mas também uma importante celebração social. Eram um momento de encontro entre parentes e amigos, para juntos celebrarem sua mãe Maria. Festas marianas eram momentos de fé e de animação comunitária, juntando o religioso com o social. Além das celebrações religiosas e litúrgicas, havia refeições, danças e um simples "matar saudades" de familiares e amigos. E sempre no centro estava a figura de Maria, uma mãe carinhosa, unindo toda a família e amigos.

4 – Herdada de Portugal, houve também bem cedo na história religiosa do Brasil a formação de muitas confrarias religiosas. Havia muitos tipos de confrarias, mas muitas delas eram dedicadas à pessoa de Maria sob títulos variados. Havia as confrarias dos escravos negros dedicadas a Nossa Senhora dos Remédios, em que eles podiam ser acolhidos por uma mãe que não faz distinção de raça nem de cor. Essas confrarias promoviam não só os elementos religiosos e as devoções marianas, mas também importantes elementos sociais e obras de misericórdia, como o cuidado dos pobres, hospitais, creches, escolas etc. Confrarias promoviam a devoção mariana, mas também obras sociais, na ausência da assistência governamental daquele tempo. Foi um casamento importante entre a fé, a caridade, e as necessidades sociais dos pobres. Por Maria muitas pessoas, esquecidas pela sociedade e até pela Igreja, foram acolhidas sob seu manto, por meio das confrarias que seguiam uma espiritualidade mariana.

> Nossos povos, com sua religiosidade característica, encontram a ternura e o amor de Deus no rosto de Maria. (...) Nossa mãe querida, desde o santuário de Guada-

lupe, faz sentir a seus filhos menores que eles estão na dobra de seu manto. Agora, desde Aparecida, convida-os a lançar as redes ao mundo, para tirar do anonimato aqueles que estão submersos no esquecimento e aproximá-los da luz da fé. Ela (Maria), reunindo os filhos, integra nossos povos ao redor de Jesus Cristo (Doc. de Aparecida n. 265).

## ORAÇÃO
*(Novena do Perpétuo Socorro)*

Ó mãe de misericórdia, tende pena de mim. Ouço que todos vos chamam o Refúgio e a Esperança dos pecadores; logo então sede vós meu refúgio e minha esperança. Por amor a Jesus Cristo, socorrei-me. Dai a mão a quem a vós se entrega e recomenda. Eu bendigo e rendo graças a Deus, por se ter dignado conceder-me esta confiança em vós, que eu considero um penhor de minha salvação eterna. Sim, sei que vireis em meu socorro se a vós me recomendar. É esta a graça que peço: fazei, ó Maria, que eu a vós recorra e que eu possa dizer-vos continuamente: Maria ajudai-me! Maria, minha mãe, não permitais que eu perca meu Deus. Amém.

# 2
# O que havia de errado na Devoção Mariana antes do Vaticano II

Talvez possamos resumir todos os erros na devoção mariana, antes do Concílio Vaticano II, em uma palavra: exagero. Exagero aqui significa que algo na devoção estava fora do eixo correto, como um desvio teológico, que poderia levar os fiéis para alguns erros.

1 – O primeiro erro foi o de *sentimentalismo*. Muitas vezes a devoção mariana frisava somente a necessidade de sentir algo emocional. O essencial era senti-lo, sem incentivar o devoto a procurar a conversão ou a assumir algum serviço na comunidade. O mal era que, acabava o sentimento também acabava a devoção. Não se procurava contemplar Maria, mas apenas desfrutar de alguma emoção passageira. Era algo sem compromisso. Era assim uma devoção superficial.

Devoções são práticas religiosas com as quais o fiel procura um encontro com a Divindade. Devoção é reverência, adoração e ação de graças à Divindade. Significa, então, uma disposição permanente e pronta de entrega a Deus. Devoção, portanto, é algo constante, que não depende de nosso sentimentalismo, mas, sim, de nossa fé. Em poucas palavras, busca-se Deus por meio da devoção mariana, não para sentir algo, ou para sentir-se melhor, mas para ter uma experiência de Deus na fé, por meio de Maria. Na devoção, Maria é o meio, mas o fim é Deus. Sentimentos podem aparecer na devoção, mas eles não são a essência da devoção. A fé comprometida é a essência da devoção. E podemos traduzir a palavra fé como confiança inabalável no amor de Deus. Em outras palavras, sentindo algo ou não, a fé deve predominar em uma devoção que é algo constante e não passageiro. Não se busca emoções na devoção mariana; busca-se Deus por Maria, na fé e com firme confiança na Providência Divina. Devoção mariana nunca termina em Maria; precisa levar à Pessoa de Deus. O Concílio Vaticano advertiu-nos desse erro dizendo:

> E os fiéis lembrem-se de que a verdadeira devoção não consiste em uma emoção estéril e passageira, mas nasce da fé, que nos faz reconhecer a grandeza da Mãe de Deus e nos incita a amar filialmente nossa mãe e a imitar suas virtudes (Vaticano II, *Lumen Gentium*, cap. VIII, n. 67).

2 – Outro erro que acontecia era que a devoção não levava ninguém para um compromisso religioso, pessoal, social ou comunitário. A espiritualidade mariana tornava-se algo intimista, sem nenhum compromisso fora dos devotos. Fazia-se a devoção e ponto. Era só Maria e os devotos. Maria servia para resolver todos os problemas, mas não precisava questionar, nem partir para a conversão segundo os apelos de seu Filho Jesus. Apelos que, normalmente, Maria apresenta a seus outros filhos. "Faça tudo o que Ele vos disser" sempre foi e é o apelo de Maria. Em todas as suas aparições, nos últimos séculos (Lourdes, Fátima), sempre pediu a conversão de seus filhos. Sobretudo, Maria leva-nos para o compromisso de viver os dois grandes mandamentos da aliança de nosso batismo: amor a Deus e amor ao próximo. Toda devoção mariana leva à conversão, ao amor a Deus e ao próximo. É viver como Maria vivia. Sem conversão e compromisso não há devoção mariana autêntica.

3 – Alguns pensavam que era suficiente ir a Maria e pedir por suas necessidades, sem compromisso pessoal ou comunitário. A ideia era que Maria estava ali somente para resolver todos os problemas. Aí estava e está um erro. Assim, alguns devotos se tornavam "filhinhos de Mamãe", isto é, Maria existia somente para atendê-los e, pior, para assumir todas as responsabilidades de sua vida, sem a necessidade de conversão pessoal. Exigia-se que Maria assumisse o que os fiéis deveriam assumir para resolver seus problemas, deixando pecados. Isso nada mais é que um tipo de comodismo espiritual. Espiritualidade sem conversão e compromisso é uma devoção deficiente.

4 – É claro que tal tipo de devoção leva o devoto para a inconstância na devoção. Se se sente bem, pratica a devoção. Se não se está precisando de nada, dramaticamente, cessa a devoção. Se precisa de alguma coisa, de repente renasce a devoção. Mas não permite que Maria questione nada em sua vida. Não há, assim, constância nem devoção autêntica. Se não se assume a conversão necessária; a devoção a Maria desaparece. Se Maria atende seu pedido, sua devoção volta; mas, se não atende exatamente como pediu e até exigiu, já não procura Maria. Muitos cristãos caem nesse erro. Precisamos colocar Maria, e por meio de Maria, Deus, no centro de nossa devoção mariana, e não a preocupação com nossas necessidades. Sem o elemento de conversão para o ser e o agir de Maria, que vemos nos Evangelhos, nossa devoção não teria constância nem efeito espiritual para a conversão.

5 – Em geral, o conteúdo das devoções marianas, antes do Vaticano II, não era muito bíblico nem muito teológico. A ênfase estava mais em coisas sensacionais, como milagres, do que em um fundamento teológico, como Maria é revelada para nós no Novo Testamento. Reflexão teológica correta deve levar-nos para ação concreta e comprometida na comunidade, na Igreja e na sociedade. Infelizmente, porém, o compromisso era algo totalmente secundário, porque faltavam fundamentos teológicos na devoção. Simplesmente não se conhecia Maria como nos é apresentada na Bíblia. Era mais importante o sensacional, do que o conhecer, amar e imitar nossa mãe Maria. Todas as virtudes de Maria como mulher e mãe, em uma vida simples e cotidiana, eram esquecidas na busca do sensacional. E assim era impossível

imitar essa mulher simples, que se santificou por meio das coisas simples da vida cotidiana. Mais uma vez caímos nos exageros.

6 – A devoção mariana estava mais baseada em histórias piedosas do que nas verdades da história evangélica. Isso abriu espaço para as coisas fantásticas e sensacionais que vemos até hoje em alguns livros e em algumas devoções. Surgiram exageros sobre Maria, que contradiziam a Bíblia e a teologia mariana desenvolvida pelos séculos com muita sabedoria; muitos desvios, que impediam uma devoção mariana com os dois pés no chão, na simplicidade e na prática da fé, vivida no cotidiano e não no sensacional. Os escritores de livros espirituais gostavam de buscar e frisar o extraordinário na vida de Maria. Em qualquer livro popular sobre Maria, quanto mais houvesse visões, milagres e coisas sensacionais tanto melhor. Mais uma vez vamos frisar: o extraordinário em Maria atrapalhou uma devoção mais próxima a ela, porque os sentimentos ficavam muito longe dessas experiências extraordinárias. Tais erros distanciaram os devotos de Maria, porque criaram uma supermulher, que ninguém era capaz de seguir, nem imitar. Era difícil ter com Maria um relacionamento adulto, comprometido e amigável, porque, na fragilidade humana, ela era vista tão acima das fraquezas, que não se poderia ter intimidade com ela, nem tentar descobrir como realmente foi revelada no Novo Testamento. Na Bíblia, Maria é apresentada como mulher bem simples, só que se inventou nas devoções uma mulher que nunca existiu.

Um exemplo disso foi o exagero sobre a "pureza de Maria". Os livros e as reflexões criaram uma Mulher totalmente assexuada, isto é, uma mulher sem traços e sexualidade femininos. Concluíram que Maria nunca sofreu tentações contra a pureza. Mas isso é fisicamente e psicologicamente impossível para um ser humano. Maria sofreu tentações sim, como qualquer mulher, só que ela não se deixou vencer. Sua grandeza está em ter sido totalmente humana, como nós, e, mesmo assim, ser "a Santíssima". Sentindo as próprias fraquezas sexuais e as tentações nessa área tão humana, ficou-se o medo de aproximar de Maria; os devotos ficaram afastados como indignos pecadores diante da "puríssima". Não podia-se achar um caminho sereno para chegar perto dela, uma mulher sexuada e profundamente feminina, porque eles sentiam-se "impuros" diante daquela que foi pureza radical. Fechou-se a possibilidade de partilhar com Maria a própria sexualidade, os desejos e sentimentos, porque seria algo "feio". Não se sentiam livres para tocar nesse assunto tão humano com Maria.

O próprio Vaticano II avisou-nos sobre os exageros na devoção mariana e da necessidade de corrigir esses erros. Havia muita ignorância nas devoções marianas. Um excelente resumo do que falamos até agora sobre erros está neste trecho do documento conciliar:

> Aos teólogos e pregadores da palavra de Deus, exorta-os instantemente a evitarem, com cuidado, tanto um falso exagero como uma demasiada estreiteza na consideração da dignidade singular da Mãe de Deus. Evitem com cuidado, nas palavras e atitudes, tudo o que possa induzir em erro acerca da autêntica doutrina da Igreja (...). E os fiéis lembrem-se de que a verdadeira devoção não consiste numa emoção estéril e passageira, mas nasce da fé, que nos faz reconhecer a grandeza da Mãe de Deus e nos incita a amar filialmente a nossa mãe e a imitar as suas virtudes" (Vaticano II, *Lumen Gentium*, cap. VIII, n. 67).

7 – Uma imagem muito popular de Maria era ela ser a "todo-poderosa". E esse erro levou muitos a cair em alguns desvios sérios. Mais uma vez faltou um fundo teológico adequado para corrigi-lo. Por não poucos, Maria era considerada como a fonte de todas as graças. E, sendo a fonte, então, o devoto já não precisava de Deus. Maria resolveria tudo. E esse erro, por exemplo, levou alguns a pensar que já não precisariam de Jesus na Santa Eucaristia: Maria sim, a Missa não. Tal orientação errada afastou alguns da única fonte de todas as graças, que é Deus, e não Maria. Ela intercede por nós sim, mas não é a fonte de graça. Por esse erro, escutamos alguns dizendo, com orgulho, que nunca perderam, por exemplo, uma novena mariana, mas não frequentavam os sacramentos da Igreja, como a Reconciliação e a Eucaristia. Algo estava seriamente errado nessa atitude.

8 – Outro grande erro era a motivação por detrás da devoção mariana. Alguns praticavam a devoção só para ganharem algo de Maria. Mais uma vez, isso levou a uma devoção in-

constante e mal motivada. Quando precisavam de algo, então havia devoção. Mas, recebida a graça desejada, esta acabava. Portanto, a motivação da devoção era a necessidade e não o amor a Maria. Tal devoção era muito egoística. Isso levou a uma devoção infantil. A ênfase estava mais no "o que vou ganhar" do que em um relacionamento íntimo e carinhoso com Maria, como mulher e mãe. Era uma devoção egocêntrica e, pior, não exigia nenhuma mudança em nossa vida. Livrava o devoto de qualquer compromisso com Deus ou com a comunidade.

9 – Finalmente, por causa de tudo isso, começou por ignorância um tipo de "idolatria" da pessoa de Maria, o que, às vezes, justificou uma grande e justa reclamação de nossos irmãos evangélicos. Maria era apresentada com exageros como uma pessoa que tomava o lugar da Santíssima Trindade na vida cristã. Para alguns, Maria era "divina". Sendo assim, o Pai, o Filho e o Espírito Santo ficavam colocados à margem da espiritualidade cristã. Maria estava sozinha no centro. Podemos ver isso em nossas Igrejas, onde pessoas entram e fazem suas devoções religiosamente diante de Maria, mas não olham, nem visitam Jesus no Santíssimo Sacramento, presente em nossas Igrejas. Há algo errado em tudo isso. Mais uma vez, faltou em nossas paróquias uma boa catequese e estudo teológico.

Este capítulo teve por finalidade demonstrar possíveis erros em nossas devoções marianas. Foi um apelo para entrarmos em conversão, corrigindo-os. Que Maria nos ajude a colocar Deus sempre no centro de nossas vidas.

### ORAÇÃO
*(Novena do Perpétuo Socorro)*

Ó Maria, ó meus amáveis protetores, São José e Santo Afonso Maria, eu vos ofereço esta oração por intenção dos doentes, dos aflitos e atribulados, dos pobres pecadores, das necessidades da Igreja, das vocações sacerdotais, religiosas e leigas, de minha família e de minhas intenções particulares. Maria, dignai-vos atender-me bondosamente. Amém.

# 3
# A Devoção Mariana depois do Concílio Vaticano II

A maior parte da doutrina mariana do Concílio Vaticano II está contida no oitavo capítulo do documento "Lumen Gentium". O capítulo é intitulado: *"A Bem-Aventurada Virgem Maria mãe de Deus no mistério de Cristo e da Igreja"*. O Concílio, com esse título, já esclarece que qualquer devoção mariana tem seu significado e importância no mistério de Cristo e da Igreja. Sem Cristo no centro de nossa devoção mariana, surge a possibilidade de exageros que vimos no capítulo anterior.

> O nosso mediador é só um, segundo a palavra do Apóstolo: "não há senão um Deus e um mediador entre Deus e os homens, o homem Jesus Cristo, que se entregou a si mesmo para redenção de todos" (1Tm 2,5-6). Mas a função maternal de Maria em relação aos homens de modo algum ofusca ou diminui esta única mediação de Cristo; manifesta antes sua eficácia (LG, VIII, n. 60).

A mãe de Deus é apresentada no documento conciliar sem sentimentalismo, mas com carinho, e frisa que Maria foi uma participante ativa e livre na história da Salvação. Vemos Maria como uma mulher jovem e consciente, com os pés no chão, que livremente teve de fazer algumas opções difíceis diante da proposta apresentada a ela por Deus. Ele entrou em sua vida e pediu que ela fosse a mãe do Salvador prometido. Como sempre, Deus pediu; não exigiu. Maria era livre para dizer "sim" ou "não". Se não entendermos isso, nunca vamos conhecer e apreciar a grandeza dessa mulher. Por isso Maria é apresentada nos evangelhos como mulher livre e obediente, no contexto da história da Salvação. Maria participou ativa e livremente dessa história. A primeira mulher (Eva) disse "não" ao plano de Deus, foi desobediente e, consequentemente, o pecado entrou no mundo. A nova mulher (Maria) disse "sim" a Deus, que quis salvar toda a humanidade, e, consequentemente, a história da Salvação avançou. A primeira mulher (Eva) desconfiou do amor de Deus, e a nova mulher (Maria) confiou no amor de Deus, acolhendo em obediência seu plano de salvação. Maria foi o começo do cumprimento da promessa de Deus que um dia mandaria para nós um Salvador (Gn 3,15).

O "sim" de Maria foi o início do cumprimento fiel dessa promessa de salvação. "Maria disse: 'Eis aqui a serva do Senhor'. 'Faça-se em mim segundo a tua palavra'" (Lc 1,38). E, graças ao sim de Maria, "O Verbo se fez carne e habitou entre nós" (Jo 1,14). O documento *Lumen Gentium* descreve a missão de Maria assim:

> Por isso é com razão que os padres julgam que Deus não se serviu de Maria como instrumento meramente passivo, mas julgam-na cooperadora para a salvação humana com livre fé e obediência (LG, n. 53).

Essa afirmação é a mesma de Santo Afonso, que chamou Maria de "nossa corredentora", não no sentido de ser a fonte de redenção igual a Cristo, mas por causa de sua participação ativa na história da Salvação. A *Lumen Gentium* apresenta a pessoa de Maria a partir das Escrituras e da Tradição autêntica da Igreja. Maria é a "nova Eva" que, por amor, confiou na promessa que o Pai lhe fez por intermédio do anjo Gabriel. A primeira Eva duvidou do amor de Deus. A nova Eva por amor acreditou, por isso foi possível o cumprimento da promessa. A primeira Eva trouxe a morte; a nova Eva trouxe a vida (Jesus Cristo). O documento diz que "o nó da desobediência de Eva foi desfeito pela obediência de Maria; o que Eva ligou pela incredulidade, a virgem Maria desligou pela fé". Uma imagem e expressão bonitas para descrever a parte ativa de Maria nesse mistério do amor de Deus na Encarnação.

### *A mulher do "Sim", por isso "o Verbo se fez Carne"*

Agora as devoções à pessoa de Maria devem levar em conta uma mulher que assumiu, por obediência, um compromisso com a salvação do mundo pela missão salvadora de seu filho Jesus. Mas, antes ainda do sim de Maria, houve o "sim" do Verbo. Antes ainda da criação do mundo, Deus-Pai sabia que o homem e a mulher iriam rejeitá-lo. E o Verbo, em obediência, acolheu a vontade do Pai e ofereceu-se para salvar a humanidade, rebaixando-se para assumir nossa humanidade. O Divino se fez carne para nos salvar.

> No princípio era aquele, que é a Palavra. Ele estava com Deus, e era Deus. Ela estava com Deus no princípio. Todas as coisas foram feitas por intermédio dele; sem ele, nada do que existe teria sido feito. Nele estava a vida, e esta era a luz dos homens. E a Palavra se fez homem e habitou entre nós [...], o filho único do Pai cheio de amor e fidelidade (Jo 1,1-14).

> Sendo Ele de condição divina, não se prevaleceu de sua igualdade com Deus, mas aniquilou-se a si mesmo, assumindo a condição de escravo e assemelhando-se aos homens. E, sendo exteriormente reconhecido como homem, humilhou-se ainda mais, tornando-se obediente até a morte, e morte de cruz. Por isso Deus o exaltou soberanamente e lhe outorgou o nome que está acima

de todos os nomes, para que ao nome de Jesus se dobre todo joelho no céu, na terra e nos infernos. E toda língua confesse, para a glória de Deus-Pai, que Jesus Cristo é Senhor (Fl 2,6-11).

No centro do cumprimento dessa "vontade louca do Pai" está Jesus Cristo (Santo Afonso). Agora podemos entender Maria, sua pessoa e missão, por meio da pessoa e da missão de Cristo, que, primeiro como *o Verbo do Pai,* acolheu a vontade de seu Pai de salvar a todos. Portanto não podemos ter devoção mariana sem passar mais cedo ou mais tarde pela pessoa do Salvador Jesus Cristo. Maria sempre nos dirigirá para a única fonte de salvação, seu filho Jesus. Maria disse: "Faça tudo o que Ele vos disser" (Jo 2,5).

O Concílio também apresenta Maria como uma mulher de grande intimidade com as três pessoas da Trindade. Maria foi uma mulher de oração e de contemplação do amor de Deus em sua vida. O Concílio alegremente descreve essa intimidade entre a Trindade e Maria assim: "Maria é a predileta do Pai, o sacrário do Espírito Santo e a Mãe do Redentor" (LG, VIII, n. 141).

Devoção a Maria, portanto, deve levar-nos também para a devoção a cada pessoa da Trindade. A devoção nunca termina somente em Maria. Por Maria, o Espírito Santo dirige-nos para uma experiência íntima e amável com o Pai e com o Verbo Encarnado, Jesus. Maria é o caminho para crescer na intimidade com cada pessoa da Trindade. Toda devoção mariana deve levar-nos para atos de culto e adoração a cada Pessoa da Trindade.

O documento sobre Maria frisa que a devoção mariana somente terá sentido por meio do acontecimento de Jesus encarnado. Maria foi convidada a participar da história da Salvação. Ela foi convidada a ser a mãe do Salvador. Maria, então, não é a fonte de graça, mas o meio de chegar a conhecer e experimentar a única fonte de graça salvadora, Jesus Cristo.

O Concílio chama Maria, como o anjo Gabriel a declarou, de "cheia de graça". Graça, no fundo, é uma participação na vida salvadora de Deus. E Maria esteve repleta dessa participação salvífica de Deus; recebeu o dom da salvação como "a primeira redimida pelo Salvador". Essa foi a grande graça da *Imaculada Conceição*, dada a ela como dom por Deus-Pai, em Cristo e no Espírito Santo. Deus teve um amor especial a Maria. Mas essa graça especial não significava que ela não precisasse buscar a santidade por meio da fé cotidiana. Maria precisava "guardar essas coisas em seu coração" (Lc 2,19), para meditar, discernir e, no fim, livremente oferecer sua obediência como um dom a Deus, para complementar a vontade salvífica do Pai. Ela, livremente, participou nessa vontade salvífica de Deus, entretanto não foi uma supermulher, mas, sim, uma mulher simples, imersa na busca da vontade de Deus, que salva. Maria, como nós, precisou buscar, discernir e cumprir a vontade do Pai até nas coisas pequenas. O mistério de sua grandeza na santidade é muito simples: buscou fazer a vontade de Deus-Pai em coisas simples, sempre motivada pelo amor. Eis o desafio da devoção mariana: imitar sua santidade nas coisas simples da vida, por meio da obediência e do amor. É viver o que Santo Afonso disse ser o segredo de santidade: "sempre fazer tudo o que mais agradaria a Deus".

O documento também diz que Maria foi uma mulher totalmente consagrada a Deus. Infelizmente, o documento não desenvolveu suficientemente o sentido dessa consagração, o que poderia ter sido uma orientação para todos os consagrados pelo batismo, pela vida consagrada e pela vocação sacerdotal. Maria, nesse sentido, seria um modelo para nós na consagração total de nosso ser a Deus. Seu amor radical a Deus está no centro de sua vida consagrada. Ela amou a Deus "de todo o seu coração" e foi a mulher habitada por Ele, porque o amou no concreto da vida. Em nossa devoção mariana, Maria dirige-nos sempre para um amor maior a Deus e ao próximo, que é a essência da aliança e de nossa consagração batismal. Esses dois mandamentos estão no centro de toda e qualquer tipo de consagração na Igreja. Toda devoção a Maria deve nos levar a acolher a vontade amorosa do Pai, em tudo.

E esse amor a Deus levou Maria a amar ao próximo também de forma radical. A vivência radical dos dois mandamentos de Deus, que é o fundamento de toda consagração batismal, encarnou-se na pessoa de Maria. Logo depois da anunciação e da aceitação de sua missão como mãe do Salvador, a primeira coisa que Maria fez foi prestar ajuda a sua prima Isabel, velha e grávida, servindo-a por três meses. Que exemplo de amor. Maria servidora dos necessitados.

> Naqueles dias, Maria se levantou e foi às pressas às montanhas, a uma cidade de Judá. Entrou na casa de Zacarias e saudou Isabel. Ora, apenas Isabel ouviu a saudação de Maria, a criança estremeceu em seu seio; e Isabel ficou cheia do Espírito Santo. E exclamou em alta voz: Bendita és tu entre as mulheres e bendito é o fruto do teu ventre. [...] E Maria disse: "Minha alma glorifica ao Senhor, meu espírito exulta de alegria em Deus, meu Salvador, porque olhou para sua pobre serva. Por isto, desde agora, todas as gerações me proclamarão bem-aventurada porque realizou em mim maravilhas aquele que é poderoso e cujo nome é Santo." Maria ficou com Isabel cerca de três meses. Depois voltou para casa (Lc 1,39-49.56).

### *A mãe servidora dos necessitados*

O documento também indica que Maria é nossa mãe desde o dia de nosso batismo, em que recebemos não só a filiação divina, mas também a maternidade de Maria como dom de Deus. Para a maioria dos católicos, falar de Maria é falar de Nossa Mãe.

Os Padres conciliares finalmente frisam, na primeira parte do documento sobre Maria, que Jesus é a única fonte de salvação e que Maria é nossa medianeira e intercessora. É por meio da devoção a Maria que Deus é reconhecido e amado. Maria deve dirigir-nos para Deus. Só Ele é nosso Senhor e Salvador. O apelo de Maria na festa de Caná, "fazei tudo o que Ele vos disser", deve estar presente em toda devoção mariana autêntica. Tudo isso, que apresentamos, foi uma tentativa do Concílio para corrigir os erros que vimos anteriormente.

O Concílio termina essa parte aconselhando: "que os fiéis generosamente promovam o culto, sobretudo litúrgico", à Bem-aventurada Virgem. Os fiéis devem dar valor às práticas e aos exercícios de piedade recomendados pela Igreja. Essa foi uma declaração muito simples, mas profunda. Embora houvesse alguma tentativa de eliminar do Documento sobre a Igreja (*Lumen Gentium*) o tratado sobre Maria, o Concílio aprovou o que já se fazia na Igreja e em nossa santa tradição quanto à pessoa e à devoção a Maria.

A Igreja declara fortemente que a devoção mariana faz parte de nossa vida e da doutrina católica e confirma a devoção a Maria como uma manifestação verdadeira de nossa fé, e essa devoção vai continuar sempre tendo sua importância na fé do povo.

Para resumir essa primeira parte do Concílio Vaticano sobre Maria, podemos dizer que o processo de toda a devoção mariana consiste em chegar a Cristo por meio dela. É receber a graça de Cristo por meio da intercessão de Maria. "Eles não têm vinho!" foi o começo do primeiro milagre público de Jesus. Maria intercedeu, mas foi o filho de Deus encarnado que fez o milagre.

Os Padres do Concílio descrevem a missão de Maria que deve animar e inspirar nossas devoções marianas, com quatro títulos: *Advogada, Auxiliadora, Socorro* e *Medianeira*. Maria não é divina, nem ocupa o lugar de Deus (os exageros), mas ela é alguém especial, que intercede por todos os seus filhos e os defende diante de Deus (advogada); é aquela que cuida sempre de seus filhos (auxiliadora), como mãe solícita, buscando o bem deles (socorro), é aquela que, pela intercessão, busca, diante de Deus, a salvação de todos (medianeira de todas as graças). Ela é, em poucas palavras, *Nossa Mãe do Perpétuo Socorro*.

> Esta maternidade de Maria na economia da graça perdura sem interrupção, desde o consentimento, que fielmente deu na anunciação e que manteve inabalável junto à cruz, até a consumação eterna de todos os eleitos. De fato, depois de elevada ao céu, não abandonou esta missão salvadora, mas, com sua multiforme intercessão, continuou a alcançar-nos os dons da salvação eterna. Cuida, com amor materno, dos irmãos de seu Filho que, entre perigos e angústias, caminham ainda na terra, até chegarem à pátria bem-aventurada. Por isso, a Virgem é invocada na Igreja com os títulos de Advogada, Auxiliadora, Socorro, Medianeira (LG, n. 185-186).

## ORAÇÃO
*(De Santo Afonso à Santíssima Virgem)*

Santíssima Virgem Imaculada, Maria minha mãe, a vós, que sois a mãe do meu Senhor, a advogada, a esperança, o refúgio dos pecadores, recorro hoje, eu que sou o mais miserável de todos. A vossos pés me prostro, ó grande Rainha, e vos dou graças por todos os benefícios que até agora me tendes feito. Eu vos amo, Senhora amabilíssima, e pelo amor que vos tenho prometo servir-vos sempre e fazer quanto possa para que de todos sejais servida. Em vós, depois de Jesus, ponho todas as minhas esperanças. Aceitai-me por vosso servo e acolhei-me debaixo de vosso manto. A vós suplico o verdadeiro amor a Jesus Cristo, de vós espero alcançar uma boa morte. Minha mãe, eu vos rogo que me ajudeis sempre. Assim espero. Assim seja.

# 4
# Características da Devoção Mariana

***Parte II do documento* Lumen Gentium *sobre Maria***

O documento conciliar, na segunda parte, fala não somente de coisas teológicas, mas também de coisas mais concretas sobre a devoção mariana. O Concílio tenta tirar-nos do sensacionalismo e colocar Maria como a uma mulher que tinha os pés no chão. Parece bobo dizer isso, mas é essencial para corrigir nossos erros. Maria é mulher. É mulher sexuada, que possui todas as características da sexualidade feminina. Ela possui feminilidade, carinho, compaixão e ternura; é serviçal e atenta para perceber, buscar e resolver as necessidades de seus filhos. Ela está diante de seu filho a interceder a nosso favor, dizendo sempre "Eles não têm vinho" e pedindo que Jesus faça um milagre em favor de seus filhos e filhas.

A devoção mariana, portanto, deve aproveitar-se dessas características femininas de Maria, para ser uma devoção autêntica, que promove a intimidade com essa mulher extraordinária.

Antigamente, havia uma tentativa de frisar tanto a virgindade de Maria, que esquecíamos que ela foi primeiro uma mulher e, depois, por escolha livre em obediência, uma virgem. Ela foi casta sim, mas mulher totalmente sexuada e feminina. Algumas tendências tentaram fazer de Maria uma mulher assexuada, sem sexualidade feminina, como se sexualidade fosse algo impuro ou mau... A sexualidade é uma criação de Deus, algo que reflete o próprio Criador e, portanto, é algo sagrado.

Maria era perfeita, mas nunca podemos esquecer que ela não era desumana ou muito diferente do cristão comum. Maria não era uma mulher diferente das outras. Portanto, nossa devoção começa com esta colocação: não devemos falar com Maria como se ela fosse uma *supermulher extraordinária,* que está tão distante de nós. Maria teve emoções como nós. Ela teve medos como nós. Teve tentações como nós. Maria foi mulher e agiu da mesma maneira de qualquer mulher. É por isso que podemos aproximar-nos de Maria sem medo e sem pensar que ela está tão distante de nós, ou que Maria não possa entender o que nós estamos passando, como antigamente na mente do povo, até antes do Concílio Vaticano. Maria foi mulher e mãe, e ponto. Essa compreensão levou os cristãos a uma devoção simples e sem complicações.

> Na vida pública de Jesus, sua mãe aparece de uma maneira bem marcada logo no princípio, quando, nas bodas de Caná, movida de compaixão, levou Jesus Messias a dar início a seus milagres. Durante a pregação de seu Filho, acolheu as palavras com que Ele, pondo o reino acima de todas as relações de parentesco, proclamou bem-aventurados todos os que ouvem a palavra de Deus e a põem em prática); coisa que ela fazia fielmente (cf. Lc 2,19 e 51; cf. Mc 3,35; Lc 11,27-28) (LG, VIII, n. 58).

Além disso, Maria era uma mulher simples e humilde. Vejo todas essas características na imagem de Nossa Senhora de Guadalupe. Ela é uma mulher bonita, simples e fabulosamente feminina. Na imagem de Guadalupe, vemos Maria como mãe, tendo como símbolo a fita ao redor de seu ventre, que indica uma mulher grávida. Seus olhos estão fitos, com preocupação e carinho, no povo sofrido e indígena. Maria acolheu esse povo em seu coração, assumindo a cor e os cabelos indígenas. Sua postura é de oração e de intercessão por seus filhos sofridos pela opressão dos conquistadores da América Latina.

Notem todas as características de Maria: mãe – aquela que sofre junto com seu povo – intercessora – perpétuo socorro. Mulher e mãe simples na fé, Mulher de consolo e, sobretudo, de caridade extraordinária.

Nossa devoção, então, deve ser um diálogo entre nós, homens e mulheres adultos, e Maria. Deve ser um diálogo bem caloroso. Deve ser um diálogo cheio de afeição e carinho de ambos os lados. Deixe que Maria seja mulher e feminina com você, e que essa orientação ilumine sua devoção e a maneira como fala com ela. Foi assim que ela se comunicava com os videntes em Lourdes e em Fátima.

As características femininas de Maria devem sempre fazer parte da devoção: carinho e preocupação com coisas aparentemente simples (a festa de Caná: "eles não têm vinho"); serviço (foi *às pressas* para servir sua prima Isabel); ternura feminina e materna ("eis aí teu filho"); um bom ouvido para escutar (Maria estava reunida em oração com os apóstolos antes do Pentecostes); acolhimento e compreensão com os que sofrem (Maria estava ao pé da cruz). Todas essas características femininas, às vezes, ficaram bem escondidas em nossas devoções, tentando fazer Maria essa supermulher não feminina.

Finalmente Maria é mãe. Mãe de Deus; e desde nosso batismo Maria é nossa mãe, e *mãe é mãe*. Para os pobres devotos de Maria não precisa falar mais nada. Mãe é aquela que, sobretudo, ama, protege e defende seus filhos. E a grande virtude que o pobre aprecia em Maria é seu poder de intercessão. Santo Afonso dizia que, nas missões populares quando nada dava certo com os pecadores, ou quando era difícil para alguém acreditar ainda em um Deus misericordioso, então ele orientava: "Vá a Maria sua mãe". Ela, como mãe, vai interceder por nós com insistência diante de seu Filho Jesus. Maria é a mãe solícita, que vê os sofrimentos físicos e espirituais de seus filhos e, fielmente, intercederá com insistência junto de Deus, o doador dos dons, e entregará nas mãos de seus filhos a graça recebida de Deus por sua intercessão.

Nos centros e santuários marianos, o povo expressa alegria por estar na casa de sua mãe, e para muitos Maria, como mãe, é seu último recurso. Ela é nossa intercessora fiel. A mãe que vai pedir que o filho faça um milagre em favor de seus outros filhos (bodas de Caná). Maria, então, é a mãe intercessora, mas não a milagreira. Quem faz o milagre é Deus. Mas temos uma forte intercessora diante de seu trono na pessoa de Maria. Começamos com Maria e terminamos com fé na pessoa de Deus.

## Maria é mãe e intercessora

*Algumas reflexões*

Não devemos, então, usar Maria em nossas devoções. Não devemos usar uma chantagem emocional falsa para conseguir algo de Maria. Não adianta pedir que ela interceda por algo que, em nosso coração, já sabemos ser contra a vontade do Pai. Devoção mariana exige muita honestidade, e seu centro é sempre *A Vontade do Pai*. Não falamos aqui somente de coisas negativas ou imorais, que evidentemente são contra a vontade do Pai. Fugimos muitas vezes da vontade do Pai e tentamos usar chantagem emocional, para que Maria, por meio de sua "influência", mude a vontade do Pai ou nos livre de qualquer responsabilidade diante da vontade do Pai. Não podemos usar Maria para fugir da necessidade de conversão pessoal, quando já sabemos o que Deus está pedindo de nós. O elemento essencial na devoção mariana deve ser a busca da vontade de Deus-Pai. Sem esse elemento de obediência evangélica, a devoção mariana seria interessada e sem valor evangélico.

Não devemos pedir que Maria assuma nossa responsabilidade na vida. Falamos de nossa aliança de amor responsável com Deus pelo batismo. Não podemos ter devoção a Maria, se não permitimos que Maria *nos questione, dirija-nos para a prática do amor e nos afaste de nosso infantilismo*. Maria dirige seus filhos para buscar e executar a vontade do Pai, que mais cedo ou mais tarde se refere à salvação de toda a humanidade, porque essa é a vontade mais profunda do Pai-amor. Foi assim com Maria na anunciação, e também com Jesus na cruz: um ato profundo de obediência. "Seja feita a vossa vontade, Pai." Essa atitude exigiu renúncia e doação da parte de Maria, que, pelo exemplo de sua vida, questiona nossas motivações mais profundas. Ela talvez nos leve a perceber nossa falta de abertura diante da vontade do Pai e nos dá a força para dizer: "Eis aqui a serva do Senhor, faça-se em mim segundo sua vontade".

Maria é uma mãe que somente pode querer o bem de seus filhos. E uma parte importante desse bem é que os filhos cresçam e se tornem adultos na fé, pessoas responsáveis por suas ações e por sua vida. Por exemplo, o médico diz que, se tal pessoa não parar de fumar, vai causar danos sérios a seus pulmões. Então essa pessoa vai a Maria pedindo cura, mas nada faz para parar de fumar. Maria não é aquela supermãe, que faz tudo em favor de seus filhos. É mãe que nos leva a viver com responsabilidade os princípios do reino de seu filho Jesus. Ela nos ajuda a superar nossas doenças e dependências usando bom senso e seguindo a orientação dos médicos e diretores espirituais. Maria quer que cooperemos na cura que ela vai pedir a Deus em nosso favor. *Mas, sem cooperação nossa,* nunca *haverá cura.*

Devoção a Maria exige que se busque imitar suas virtudes. E as maiores virtudes de Maria, conforme os evangelhos, são duas: seu amor radical a Deus, por meio da oração, do culto e da adoração a Deus, e, depois, seu amor ao próximo, por meio de uma vida de doação de si aos outros. Isso está em cada trecho bíblico que fale da vida e das virtudes de Jesus e Maria. Somos chamados, por meio de nossas devoções, a assumir as mesmas atitudes que santificaram Maria. Amor a Deus e ao próximo foi o que santificou Maria, e é nosso caminho seguro à santidade pela imitação de Maria. Mas isso não pode ser algo intelectual – precisa ser algo traduzido em vida. Santidade fala de vida e não de teorias.

Maria vivia uma abertura radical para acolher e realizar a vontade do Pai. Essa foi a maior virtude evangélica de Maria. Mulher aberta para sondar, buscar e executar a vontade do Pai, até em circunstâncias difíceis, como na morte de São José, seu esposo, e na Paixão de seu Filho Jesus na cruz. Maria estava de pé perto da cruz, unindo sua vontade com a vontade de seu filho para salvar a humanidade. Sofrimento incrível e abertura radical para dizer ao Pai "Sim". Toda devoção a Maria deve levar-nos a assumir essa mesma atitude de abertura diante da vontade do Pai, o que nem sempre é fácil. Obediência é amor, e amor é obediência. Quando a vontade do Pai é difícil de cumprir e a vida apresenta para nós coisas bem difíceis, precisamos encostar-nos na coragem e na grandeza de Maria. A mãe sofredora vai interceder por seus filhos sofredores. Ela é fiel.

Em poucas palavras, a devoção a Maria deve ser uma fonte constante de conversão. Uma vida orientada para o amor radical a Deus e ao próximo, que foi e continua sendo a aliança que fizemos com Deus no batismo. Uma conversão que não é obrigatória, mas, sim, que nasce do coração de um filho amado diante de sua mãe generosa e amável. Uma conversão que vem da gratidão, do reconhecimento, de quanto carinho já recebeu de sua mãe. Querer ser discípulo verdadeiro de Jesus – seguir Jesus em seu ser e agir – continuar Jesus no serviço ao Pai para a salvação de toda a humanidade.

### *"Sim" de Maria*

### ORAÇÃO: MAGNIFICAT
*(Lc 1,46-55)*

A minha alma glorifica o Senhor e o meu espírito se alegra em Deus, meu Salvador. Porque pôs os olhos na humildade de sua Serva. De hoje em diante me chamarão bem-aventurada todas as gerações. O Todo-Poderoso fez em mim maravilhas – Santo é o seu nome. Sua misericórdia se estende de geração em geração sobre aqueles que o temem. Manifestou o poder do seu braço e dispersou os soberbos. Derrubou os poderosos de seus tronos e exaltou os humildes. Aos famintos encheu de bens e aos ricos despediu de mãos vazias. Acolheu a Israel, seu servo, lembrado de sua misericórdia, como tinha prometido a nossos pais, a Abraão e à sua descendência para sempre.

# 5
# Algumas Devoções Marianas revistas

Aqui é importante rever algumas devoções marianas tradicionais, talvez com a necessidade de lhes dar novas roupagens; isto é, pode ser que uma devoção a Maria me tenha servido por muito tempo, foi válida e ajudou-me a crescer na fé; mas, com tempo, ela possivelmente já não serve para mim. Ela já não me leva a uma experiência do amor de Deus por meio de Maria, ou não me leva à conversão. Por isso preciso purificar ou até mudar essa devoção, para que ela seja mais uma vez uma experiência de amor a Maria e, por Maria, a Deus. Devoção mariana não é em primeiro lugar sentimentalismo ou saudosismo de nossos tempos da infância ou adolescência. Preciso questionar-me, para ver se minhas devoções marianas estão levando-me para o compromisso com Deus, com meus irmãos, comigo mesmo e com minha missão na Igreja e no mundo. Devoção mariana, sem compromisso religioso e social, pode ser hoje em dia uma fuga da verdadeira vontade do Pai. O segredo da santidade, por meio das devoções, sempre foi que elas nos colocaram em sintonia com a vontade do Pai. União de nossa vontade com a vontade de Deus deve ser a finalidade de qualquer devoção. Não é tão fácil assumir isso em nossas devoções. No centro está sempre a vontade do Pai, que quer salvar todos. Vamos ver, examinar e determinar se nossas devoções marianas estão levando-nos para essa união com a vontade do Pai, concluindo talvez de que precisamos deixar tal devoção, para assumir outra mais autêntica, que nos leve para a conversão.

### 1. A reza do terço

Muitos de nós fomos ensinados a rezar o terço desde o tempo de nossa formação religiosa em nossas famílias. Foi algo que nos tocou em nossa formação espiritual. Lembramo-nos do fervor e da fé de nosso pai, de nossa mãe e de nossos irmãos rezando o terço em família. Era uma devoção e uma espiritualidade autênticas. Valeu muito!

Mas pode ser que hoje essa devoção do terço precise de "roupa nova", porque redescobrimos a finalidade do terço. A reza do terço tem uma finalidade contemplativa e não somente a recitação de cinquenta ave-marias. O importante é o mistério contemplado, mais do que a recitação, às vezes mecânica, de dez ave-marias em cada mistério.

É necessário frisar que o terço é uma devoção cristocêntrica, na qual contemplamos, não tanto Maria, mas todo o mistério pascal da vida de Cristo e também os momentos em que Maria participou dessa história salvadora. As ave-marias servem para nos ajudar a chegar até o coração da devoção: conhecer e experimentar o amor enlouquecido de Deus, manifestado por seu filho Jesus na encarnação, vida pública, paixão e ressurreição. Por meio dessa devoção mariana, devemos contemplar seu filho Jesus e celebrar como o Pai nos amou tanto por intermédio do amor radical de Jesus, seu Filho obediente. Contemplando Cristo no terço, devemos chegar a conhecer e amar o Pai. "Quem me vê, vê o Pai." Nesse roteiro, começamos com Maria, que nos leva a Jesus, que nos leva ao Pai por meio do Espírito Santo. Eis o fim da reza do terço: contemplar a história de nossa salvação como dom da Santíssima Trindade.

## 5 • Algumas Devoções Marianas revistas

Ouço de alguns, na direção espiritual ou no confessionário, a constatação que a reza do terço tornou-se difícil. Aquela repetição de cinquenta ave-marias é mais uma distração e obrigação do que uma ajuda para orar e experimentar a presença amorosa de Deus em sua vida. Muitos até reclamam e se acusam de pecado porque dormiram durante a reza do terço. Acho que às vezes é justa essa reclamação de alguns. Por isso, oriento-os que experimentem contemplar assim o mistério rezado: reze um pai-nosso e uma ave-maria; depois fique em silêncio contemplando o mistério sugerido (todos os mistérios vêm do Novo Testamento e são conhecidos; *a contemplação do mistério é mais importante do que a recitação das cinquenta ave-marias*). Experimente e tente redescobrir a riqueza dessa devoção cristocêntrica do terço, contemplando os mistérios pascais por meio da intercessão de Maria. A finalidade é entrar no coração do Verbo Encarnado, Cristo missionário, Cristo na cruz e Cristo na glória, para poder enxergar o rosto do Pai. Maria leva-nos a Jesus, que nos leva ao Pai.

> Nosso mediador é só um, segundo a palavra do Apóstolo: "Não há senão um Deus e um mediador entre Deus e os homens, o homem Jesus Cristo, que se entregou a si mesmo para redenção de todos" (1Tm 2,5-6). Mas a função maternal de Maria em relação aos homens de modo algum ofusca ou diminui esta única mediação de Cristo; manifesta antes sua eficácia (LG, n. 60).
> (Maria)... cuida, com amor materno, dos irmãos de seu Filho que, entre perigos e angústias, caminham ainda na terra, até chegarem à pátria bem-aventurada. Por isso, a Virgem é invocada na Igreja com os títulos de advogada, auxiliadora, socorro, medianeira (186). Mas isto se entende de maneira que nada tire nem acrescente à dignidade e eficácia do único mediador, que é Cristo (187) [...] Esta função subordinada de Maria não hesita a Igreja em proclamá-la; sente-a constantemente e inculca-a aos fiéis, para mais intimamente aderirem, com esta ajuda materna, a seu mediador e salvador (LG, n. 62).

> **ORAÇÃO: NOSSA SENHORA DO ROSÁRIO**
>
> Nossa Senhora do Rosário, dai a todos os cristãos a graça de compreender a grandiosidade da devoção ao santo rosário, na qual à recitação da Ave-Maria se junta a profunda meditação dos santos mistérios da vida, morte e ressurreição de Jesus, vosso Filho e nosso Redentor. São Domingos, apóstolo do rosário, acompanhai-nos com vossa bênção, na recitação do terço, para que, por meio desta devoção a Maria, cheguemos mais depressa a Jesus, e que Nossa Senhora do Rosário nos leve à vitória em todas as lutas da vida; por seu Filho, Jesus Cristo, na unidade do Pai e do Espírito Santo. Amém.

## 2. Visitas à Santíssima Virgem

Santo Afonso sugere que, quando visitamos Cristo no Santíssimo Sacramento em nossas Igrejas, devemos parar um pouco para também visitar sua e nossa mãe. Afonso sempre pediu que essa visita fosse um diálogo entre amigos íntimos. Por isso, em sua famosa obra espiritual, "Visitas ao Santíssimo Sacramento", depois da visita diária a Jesus Sacramentado, Afonso apresenta também uma visita à pessoa de Maria.

Quando visitamos Maria em oração, não há estruturas nessa devoção. Parece que há uma explosão de afetos dos dois lados mais do que algo intelectual ou teológico. Afonso, um verdadeiro napolitano, simplesmente não podia falar com ou sobre Maria sem paixão e entusiasmo. Essa era a expressão de sua afeição pessoal a Maria. A visita é visita a uma amiga. Não há formulário: fale de coração a Maria, e deixe que ela ame você, console-o e dirija-o.

Afonso apela muito para o título de Maria como *intercessora*, sobretudo como intercessora em favor dos pecadores que precisam de reconciliação com seu filho Jesus. Maria dirige seus filhos para Cristo, para o dom da reconciliação com seu Pai e para o dom da copiosa redenção.

Para Afonso, Maria é aquela que fica diante do trono de Deus para interceder por nós, como se ela fosse nosso último refúgio. Afonso diria que, se mais nada funcionar, então vá a Maria e ela vai dar um jeito com Deus em seu benefício.

> **ORAÇÃO**
> (*Visitas ao Santíssimo e a Maria*, de Santo Afonso)
>
> Santíssima Virgem Imaculada, Maria minha mãe, a vós que sois a mãe do meu Senhor, a Rainha do Mundo, a advogada, a esperança, o refúgio dos pecadores, recorro, hoje, eu que sou um pecador. A vossos pés me prostro e vos dou graças por todos os benefícios que até agora me tendes feito. Eu vos amo, Senhora amabilíssima, e, pelo amor que vos tenho, prometo servir-vos sempre e fazer quanto possa para que de todos sejais servida. Em vós, depois de Jesus, ponho todas as minhas esperanças, toda a minha salvação. Aceitai-me por servo e acolhei-me debaixo de vosso manto, ó mãe de misericórdia. Minha mãe, suplico o verdadeiro amor a Jesus Cristo e rogo que me ajudeis sempre, especialmente no último instante de minha vida. Não me desampareis enquanto não me virdes salvo no céu, a bendizer-vos e cantar vossas misericórdias por toda eternidade. Assim espero, assim seja.

## 3. Novenas

A maioria de nós, desde cedo, em nossa caminhada espiritual, teve alguma experiência com as novenas marianas, especialmente se a padroeira de nossa paróquia era Maria, sob algum de seus títulos. Há também as novenas perpétuas a Nossa Senhora, como, por exemplo, a novena a Nossa Senhora do Perpétuo Socorro, ou a Nossa Senhora do Carmo, e muitas outras. Também há a festa anual da padroeira, precedida por uma novena, na qual a pessoa e as virtudes de Maria são celebradas, e que normalmente termina com uma grande procissão no dia da festa. Parece que a devoção das novenas tem uma sólida base na fé e na confiança na pessoa e na intercessão de Maria. Acontece realmente uma renovação espiritual de muitos durante uma novena. Cada semana, nas inúmeras novenas celebradas no Brasil, milhares de devotos vêm às nossas igrejas para celebrar sua devoção a Maria. Sem dúvida o fator mais importante é a confiança na intercessão de Maria em favor de seus filhos. Por meio da devoção a Maria, os devotos também são convidados a chegar a uma conversão contínua; são chamados não somente a celebrar Maria, mas também a comprometer-se em imitá-la. As novenas têm por finalidade levar as pessoas para um compromisso de amor e de caridade com Deus e com o próximo. Exige-se uma reposta de amor de nossa parte. Novenas devem ser uma fonte frutuosa de evangelização contínua do povo de Deus. Mais uma vez, Maria leva-nos a seu filho Jesus e aos ensinamentos de seu reino.

### ORAÇÃO

Maria, porém, guardava todas as coisas, meditando-as em seu coração" (Lc 2,19). Quantas vezes, ó Maria, meu coração fica triste, atribulado, cheio de dúvidas e angustiado. Isso acontece porque não me recolho no silêncio da oração nem procuro ver o que Deus quer de mim. Não sei como escutar o Senhor. Maria, peço-vos a graça de acreditar que Deus me ama sempre, mesmo na dor. Ajudai-me a buscar e a celebrar uma novena em vossa honra e sentir vosso amor me cercando como uma mãe amável.

## 4. Santuários Marianos

O povo realmente sente que está na casa de Maria mãe, quando visita nossos santuários marianos. Há tanta alegria estampada nos rostos dos peregrinos, que fazem, com alegria, tanto esforço e sacrifício para estarem ali. A experiência mística está exatamente nisto: estou na casa da mãe. Quando passam diante de uma imagem ou ícone de Maria, pode-se perceber uma alegria incomparável. Alguns estão na casa da mãe para agradecer tantas graças recebidas em favor de sua vida ou de sua família. Alguns estão ali em total desespero, e Maria é seu último recurso. Outros vêm simplesmente querendo pedir um favor de sua mãe. Outros estão ali para pagar suas promessas, com muita alegria e liberdade. Mas todos estão "em casa". É uma alegria contagiosa, como pudemos constatar tantas vezes na casa da mãe. Ninguém sai sem receber alguma bênção de sua mãe, que intercede por seus filhos diante do trono de Deus.

Maria, nesses santuários, também dirige muitos de seus filhos, um pouco ou muito separados de Deus, para seu filho Jesus, no confessionário, onde há verdadeiros milagres de conversão.

Podemos ficar insensíveis diante dessas maravilhas, por isso é necessário acordar para a maneira correta de estar na casa de Maria. Volto àquelas características do acolher Maria como mulher e como mãe. Deve ser uma devoção adulta e responsável, que exige, no fim, a conversão ao ser e ao agir de Jesus e Maria, como são apresentados nos evangelhos. Santuários marianos são casas de conforto, agradecimento, petição e carinho mútuo entre Maria e seus filhos amados. São momentos sagrados de comunhão com Maria e, por Maria, com Jesus.

*Devoções Litúrgicas*

Há um fio litúrgico que se desenvolve durante o ano todo, com momentos especiais e alegres quando celebramos a pessoa de Maria *dentro do mistério pascal de seu filho Jesus.* Há o tempo do Advento em que, a partir do terceiro domingo, a pessoa e a participação de Maria no mistério da Encarnação de Jesus começa a se destacar nas leituras diárias. Existe um período forte, nos dias da paixão, quando a Mãe Dolorosa se destaca como participante ativa no mistério da copiosa redenção de Cristo. Há também procissões, na Sexta-feira Santa, em que Nossa Senhora das Dores se encontra com seu filho morto, mostrando sua participação nesse mistério de redenção. O que toca muito os pobres é ver Maria ao pé da cruz, sabendo que ela faz a mesma coisa com os que estão sofrendo cruzes em suas vidas. Em Pentecostes, mais uma vez encontramos a imagem de Maria animando a fé ainda fraca dos apóstolos, que esperavam a vinda prometida do Espírito Santo. E há as grandes festas marianas, que celebramos durante o ano: a Anunciação, a Assunção, a Apresentação de Jesus no Templo, Nossa Senhora Aparecida, Nossa Senhora de Guadalupe, padroeira das Américas, a festa da Imaculada Conceição e a celebração da Padroeira de nossas paróquias marianas. Maria é uma parte importante de nossa história de salvação, e celebramos essas festas a cada ano com muita alegria. E como sempre, Maria nos dirige para os mistérios redentores de seu filho Jesus. Festas marianas terminam com a celebração de algum aspecto da história da Salvação.

### ORAÇÃO

Ó Maria, ajudai-nos a celebrar, no ano todo, vossa pessoa como Mãe e Intercessora. Dirigi-nos sempre a vosso Filho, nosso Salvador. Ajudai-nos, Maria, a imitar vossas virtudes de obediência, serviço e preocupação com as necessidades de outros a nosso redor. Amém.

# 6
# Rezemos alguns títulos de Maria

A finalidade deste capítulo é ver, sobretudo rezar e experimentar na fé, alguns dos títulos populares que aparecem nas devoções marianas pelos séculos afora. O título pode nos ajudar a entrar no interior de Maria, para conhecê-la melhor e experimentar uma característica de sua pessoa, de sua santidade e de sua ação participante na história de salvação e em nossa vida. Não é só pensar no título, mas deixar que possa acontecer em nossa vida o que ele descreve. Os títulos de Maria são como se fossem "apelidos". Criamos apelidos para descrever alguma característica ou façanha de uma pessoa. Fazemos o mesmo com Maria, dando-lhe muitos títulos ou apelidos, que descrevem seu amor e sua ação em nossa vida. Pelos séculos, Maria adquiriu muitos "apelidos" que valem até hoje.

**1. Maria Rainha**

Muitos títulos de Maria vêm de um período histórico, em que havia uma estrutura social bem diferente da nossa e que, de fato, já não fala muito para nossa geração pós-moderna e democrática. Havia muitas graduações sociais de importância na sociedade bíblica e medieval, que iam dos "pobres, marginalizados e trabalhadores sem importância", até os importantes aos olhos da sociedade, isto é, aos de "sangue azul", que eram os nobres, bispos, privilegiados e, no topo da lista, os reis e rainhas. Bem cedo na Igreja foi comum falar de Cristo como rei, pois Ele mesmo afirmou para Pilatos: "Tu dizes que eu sou rei" (Jo 18,37). Mas essa ideia teológica logo levou a uma conclusão: Cristo é Rei, então sua mãe tem de ser Rainha Mãe. E esse título adotado tinha sentido na estrutura medieval, em que existiam muitos nobres, reis e rainhas. Entretanto havia o perigo de Maria, como as rainhas daqueles tempos, ficar no topo da sociedade, bem distante dos pobres e marginalizados. Como outras rainhas, nessa estrutura social, Maria viveria em seu castelo, longe do povo simples de Deus, que não teria acesso carinhoso a sua pessoa.

Mas Jesus e Maria não são rei e rainha de um país, nem de um território físico, mas, sim, Rei e Rainha do Reino Prometido de Deus-Pai. Maria é Rainha por causa de seu Filho Jesus, o Rei sofredor e salvador da humanidade, que entregou sua vida por nós na cruz. E Maria, por sua obediência, participou desse ato sublime de amor como mulher sofredora e, por isso, é a Rainha Dolorosa, que entende e participa nos sofrimentos de seus súditos.

Precisamos purificar muito nossas imagens de Rainha em nossas devoções. Muitos de nós, neste mundo democrático, dependemos de filmes e novelas e criamos uma imagem de Rainha potente e totalmente afastada dos sofrimentos do povo comum. E a primeira purificação é acolher Maria como a "Rainha dos pobres" e não rainha daquela classe de nobres dominadores e privilegiados. Ela é a Rainha "Serva do Senhor". Por isso, nunca devemos ter vergonha de aparecer diante de nossa Rainha com nossa simplicidade, fraqueza, pobreza e até como pecadores. Ela é nossa Rainha e nunca precisamos de protocolos ou cerimônias para estar em sua presença. Nossa Rainha também não faz distinção de pessoas, como acontece infelizmente em nossa sociedade, entre os que "têm" e o desprezo dos que "não têm", o que é uma divisão escandalosa aos olhos de Deus. Podemos testemunhar tudo isso em nossas novenas e santuários marianos, onde um rico de terno e gravata fica ao lado de um pobre com chinelos, sem nenhuma distinção entre eles. Nossa Rainha acolhe todos igualmente, e todos como seus filhos amados. Todos têm acesso livre ao trono de nossa Rainha. Podemos marcar presença ou audiência com ela sempre e quantas vezes quisermos. E mais importante: podemos falar com ela com toda nossa simplicidade, como o povo simples sempre fez em suas devoções populares a Maria. Devoção sem cerimônia e em uma linguagem bem popular, essa sempre foi a norma. E, o que é até mais importante, diferente das rainhas de novela, Nossa Mãe Rainha sofreu muito. Uma espada transpassou seu coração: "E Simeão os abençoou e disse a Maria, sua mãe: quanto a ti, uma espada atravessará tua alma" (Lucas 2,34,35). Por isso ela é a Rainha de compaixão, que sofre com seus filhos sofredores e sempre intercede por eles diante do Rei Jesus. Sempre podemos achar em Maria um ombro sobre o qual podemos chorar nossos males físicos, psicológicos e espirituais. Maria é Rainha, mas uma Rainha, que é, em primeiro lugar, nossa "Rainha-Mãe".

### ORAÇÃO

Ó Maria Rainha, nós agradecemos a Deus porque deu para nós não somente seu Filho Jesus como nosso Rei, mas também vos deu a nós, como nossa Rainha protetora. Como a Rainha Ester, que intercedeu em favor de seu povo, Maria Rainha, intercedei sempre por nós diante de Deus, para que possamos ser sempre bons participantes e missionários do Reino de Cristo Rei. Maria, acolhei vossos filhos em suas dificuldades e intercedei por nós junto de vosso Filho Jesus. Salve, Rainha!

## 2. Maria, consoladora dos aflitos

Um título mariano, da ladainha de Nossa Senhora, muito apreciado pelo povo sofredor de Deus: Maria consoladora dos aflitos. Aflição é um estado emocional e um sentimento humano bem forte, em que a pessoa se sente abandonada, solitária, angustiada e sem esperança de sair dessa aflição. Todo cristão passa por momentos fortes de aflição na vida, como Jesus, Maria e José também passaram; pode ser uma doença séria e inesperada, a morte de um ente amado, o sofrimento de incompreensão de amigos e familiares ou a dor que vem quando temos de admitir que pecamos contra Deus e o próximo. Sentimo-nos totalmente desamparados. Sentimo-nos sós, sem uma luz para nos tirar dessa escuridão terrível. Começamos a perder a fé e a esperança. E é exatamente nessa condição que Maria quer entrar em nossa vida, para ser a Consoladora dos aflitos. Maria faz-nos sentir sua presença feminina e materna nesses momentos desesperados. De repente Maria nos apresenta seu Filho Jesus como luz e verdade, que espantam a escuridão terrível de nosso coração. Nasce de repente em nós a esperança.

Maria fica ao lado do aflito, confortando-o, mas também o desafiando a crescer na fé, apesar do forte sentimento de abandono. Ela atende o sofredor com carinho, compreensão, aceitação e, sobretudo, mostra o caminho ao aflito para achar seu Salvador, seu Filho Jesus. Maria consoladora ampara-nos com a esperança do perdão de nossos pecados e com o alívio de nossos sofrimentos, porque ela nos dirige para a fonte de consolação, isto é, para seu filho Jesus na cruz.

### ORAÇÃO
*(Extraído do livro: "As Glórias de Maria", de Santo Afonso de Ligório)*

Minha mãe, tende piedade de mim, que não tenho amado a Deus e tanto o tenho ofendido. Vossas dores enchem-me de grande confiança e fazem-me esperar o perdão. Mas isso não me basta; quero amar a meu Senhor. E quem me pode alcançar essa graça melhor que vós, que sois a mãe do belo amor? Ah! Virgem Maria, a todos consolastes, consolai também a mim. Amém.

## 3. Maria, virgem fiel

Esse título de Maria, em sua ladainha, descreve uma de suas qualidades mais preciosas, vivida durante toda a sua vida na terra, e agora no céu. Fidelidade. A palavra fidelidade descreve a característica de uma pessoa, como é ou como age. É algo visível e palpável. E fidelidade é a qualidade de quem é fiel no cumprimento de algum projeto. É uma característica que demonstra a bondade, a generosidade, a constância e a garra para cumprir um projeto, apesar das dificuldades que se possam encontrar. Maria fiel. Esse título lembra-nos de que Maria vive a fidelidade de maneira constante, sempre motivada pelo amor. Sem amor não há fidelidade. Amor vem primeiro, e só depois vem o cumprimento fiel de um projeto. E qual foi esse projeto, ao qual Maria foi fiel? Ela foi fiel no buscar conhecer e fazer a vontade de Deus em toda a sua vida. Foi fiel na obediência à vontade salvífica de Deus-Pai, especialmente no meio de sofrimentos. Sua fidelidade estava em sua maneira de cumprir a vontade do Pai, em tempos bons e bem difíceis, no meio de dificuldades, dores e sofrimentos ("uma espada vai transpassar teu coração", disse Simeão a Maria). Maria foi constante e fiel, e isso não foi sempre fácil. Fiel no meio de dúvidas na Anunciação ("Maria, não tenhas medo", disse Gabriel à jovem Maria). Fiel depois da morte de seu amado esposo José, porque as viúvas eram consideradas "castigadas de Deus". Fiel no acolher a morte horrível de seu filho inocente na cruz (Maria estava de pé no Calvário). Fiel quando Jesus pediu que João a acolhesse como "sua mãe", e que todos os batizados fossem seus filhos amados. Fiel em animar a comunidade desanimada e com medo das autoridades religiosas daquele tempo, enquanto esperava a vinda do Espírito Santo prometido (Maria perseverava na oração com os apóstolos). Sua fé e sua fidelidade animaram a comunidade primitiva e, até hoje, animam todas as comunidades na Igreja. Maria fiel está sempre presente para animar e encorajar os fiéis a viverem sua fidelidade batismal.

A experiência que podemos sempre fazer é que, se Maria foi fiel na história da Salvação, ela continua sendo fiel em nossa vida e na vida de nossas comunidades de fé. A fidelidade de Maria deve animar-nos e levar-nos a viver com a mesma fidelidade nossa aliança batismal: amar a Deus e ao próximo de uma forma mais autêntica.

## ORAÇÃO

Maria, virgem fiel, ensinai-nos a ser fiéis em nossos projetos pessoais e comunitários. Dai-nos força para sempre buscar essa fidelidade na obediência, por meio da oração e da Eucaristia que nos orientam para vosso Filho e nosso Redentor. Maria, sede nosso socorro agora e na hora de nossa morte. Amém.

### 4. Maria, refúgio dos pecadores

Cada cristão experimenta dolorosamente a realidade do pecado em sua vida. Por mais que queiramos que fosse diferente, nós pecamos. Há aqueles pecados pequenos, que fazem parte da vida cotidiana de todo cristão; mas sempre existe a possibilidade de cometer um pecado mais sério. E pecados sérios geram em muitos cristãos a dúvida: "Será que Deus quer e pode me perdoar? Será que Deus vai me castigar por meus pecados?" Ficamos, então, com medo de Deus e desesperados de sermos novamente amados por Deus. Ficamos sem esperança de perdão.

Mas, desde cedo na Igreja, Maria foi apresentada para nós como o "refúgio dos pecadores", título fantástico de Maria, que descreve mais uma vez uma qualidade de sua pessoa, diante dos pecadores sem esperança de perdão: Ela é *Refúgio*. A palavra refúgio significa um lugar considerado seguro de perigos e em que uma pessoa pode ficar sem medo de qualquer ameaça. É um lugar de abrigo sereno. E, quando pecamos seriamente, ou até levemente, precisamos buscar esse lugar seguro de abrigo e proteção, para não perdermos a fé e a esperança no perdão de Deus. Quando pecamos, Deus não muda. Ele continua sendo o Deus de amor. "Deus é amor" (1Jo,4-8). Somos nós que mudamos e, às vezes, jogamos toda a nossa insegurança em cima de Deus, pensando que Ele só quer vingança e recusar o perdão e a reconciliação. Precisamos de refúgio nesse momento de dúvidas, e Maria é esse lugar onde podemos sempre nos refugiar, sabendo que seremos acolhidos pelo *Refúgio dos Pecadores*. Maria consola os pecadores, entende bem suas fraquezas e desvios. E, como sempre, ela nos dirige para seu filho Jesus, "o Cordeiro de Deus que tira o pecado do mundo" (Jo 1,36). Como mãe, ela nos mostra que a misericórdia de Deus é sempre maior do que nossos pecados. Ela mesma vai levar-nos para o trono de misericórdia que é o Sagrado Coração de seu Filho na cruz. Maria intercede pelos pecadores, pedindo a Deus a graça do perdão para seus filhos, e motivando-os a assumir a conversão como uma resposta de amor. Maria dá-nos a coragem e a fé para buscar, sem medo, esse perdão de Deus no sacramento de reconciliação. Ela vai acompanhar-nos até o confessionário, dando-nos a fé e a coragem para acreditar na misericórdia de Deus-Pai, graças às chagas de seu Filho Jesus na cruz. E, no futuro, Maria garante-nos que será esse refúgio quando vierem as tempestades e as tentações, em nossa vida, contra nossa fé, moralidade e aliança de nosso batismo. Ela vai ser para nós um porto seguro na tempestade, dando-nos a coragem para escolher o bem e rejeitar o mal. Sempre podemos buscar, sem medo, esse refúgio maternal de Maria.

### ORAÇÃO

Maria sede sempre para nós pecadores um refúgio, um porto seguro para criar em nós a coragem de iniciar o processo de nossa reconciliação com Deus e com nosso próximo. Tirai de nosso coração qualquer dúvida sobre o coração misericordioso de Deus ou qualquer medo dele. Maria, que acolheis a nós pecadores, ajudai-nos sempre a buscar no confessionário a misericórdia e a libertação de nossos pecados. E intercedei por nós, para que assumamos, como resposta de amor, uma verdadeira vida de conversão. Amém.

## 5. Maria, nossa advogada

Todos nós temos uma imagem sobre advogado. Conhecemos pessoas dessa profissão pessoalmente, ou ao menos por filmes e novelas. Um advogado exerce muitas funções, mas a imagem principal é que ele defende uma pessoa acusada ou ameaçada em sua dignidade. Os advogados existem para salvaguardar nossa inocência e para defender nossos diretos.

Desde cedo, na Igreja, Maria foi chamada "Advogada dos pecadores" e "Advogada dos pobres". Dois títulos que explicam a grande função de Maria diante do trono da misericórdia de Deus. Diante do tribunal do julgamento, Maria é, pois, nossa advogada e intercessora, que nos defende diante da justiça de Deus, apelando mais para sua misericórdia do que para sua justiça. Maria defende-nos mostrando para Deus que, apesar de nossos pecados, houve muita fidelidade e coisas boas que fizemos vivendo o Evangelho. Maria apresenta ao Pai o argumento decisivo de sua defesa: foi seu filho Jesus, que morreu na cruz pelos pecadores para os reconciliar com Deus-Pai misericordioso. E Deus-Pai, que não tem argumento diante dessa defesa de nossa advogada Maria, perdoa aos pecadores. Maria é como aquela viúva no Evangelho, que abusou da paciência do juiz, até que ele cumprisse seu dever. Maria nunca desiste, nessa função de advogada. Ela não descansa até que veja todos seus filhos perdoados de suas injustiças diante de Deus. Em momentos de desespero, temendo sermos julgados, culpados e condenados por nossos pecados, procuremos nossa advogada Maria, e ela irá interceder por nós. Por isso, quando desesperamos do perdão, devemos confiar, porque temos diante de Deus uma forte advogada a interceder por nós.

### ORAÇÃO

Maria, nossa advogada diante do trono de graça e misericórdia de Deus, intercedei sempre por nós, vossos filhos pecadores. Não temos outra como vós, mãe, para interceder por nós pecadores. Dai-nos a fé para nos mergulhar e confiar na misericórdia de Deus. Maria, em nossos medos e nossas desconfianças, sede nossa advogada e defensora. Maria, sede nossa advogada "agora e na hora de nossa morte". Amém.

### 6. Nossa mãe do bom conselho

Como qualquer mãe, Maria fica sempre preocupada com seus filhos. Ela vigia seu comportamento, desejando-lhes somente o bem. Maria sempre está pronta a dar-lhes seus conselhos sábios.

Primeiro, Maria os aconselha para lhes dar a direção certa. Todos os filhos ficam, às vezes, perdidos e confusos na vida. Maria vem para ajudar seus filhos a assumirem os conselhos do Evangelho. É fácil desviar-nos dos ensinamentos de Cristo neste mundo secularizado, que tenta constantemente apagar a presença de Deus. Com calma e profunda mansidão, Maria dirige-nos com conselhos para não somente dizer "Senhor, Senhor", mas para viver a fé e a moralidade. Nossa Mãe sempre nos acompanha nossa história e participa dela. Nunca nos abandona.

Segundo, Maria é nosso bom conselho, quando contemplamos como essa nossa Mãe vivia os ensinamentos de Deus e como lhe era obediente. Contemplar Maria já é um bom conselho para seus filhos. Assim como, imitar sua obediência, sua caridade, sua vida de intimidade com Deus e a maneira como encarava a "espada que transpassou seu coração". Tudo na vida de Maria é uma lição de vivência cristã, um conselho para nós.

E, finalmente, Maria é Mãe do Bom Conselho para seus filhos que se desviam gravemente da vida cristã. Ela não descansa até que voltem para o estado de graça com Deus e com o próximo. Se o pecador o permite, Maria mostra com bons conselhos o caminho de volta e do perdão de Deus e dos outros. Seus conselhos sábios levam ao caminho de libertação. Nos momentos difíceis da vida, procure os conselhos de sua mãe, Maria, e ela vai atender você.

> **ORAÇÃO**
>
> Ó Maria do Bom Conselho, cuidai de nós, vossos filhos e filhas, e sempre tende a bondade de nos aconselhar em nossa vida espiritual, familiar, comunitária e vocacional. Dirigi-nos para sempre cumprir as promessas de nosso batismo, em todas as circunstâncias da vida. Ajudai-nos a discernir o que mais agradaria a Deus. Interessai-vos por cada um de vossos filhos, rogai por cada um, com tanto ardor como se fosse único. Maria, tesoureira das divinas graças e advogada dos pecadores, eu a vós recorro, para que vos digneis ser meu guia e minha conselheira neste vale de lágrimas. Alcançai-me, pelo preciosíssimo sangue de vosso Divino Filho, o perdão de meus pecados, a salvação da minha alma e os meios necessários para realizá-la. Nossa Senhora, rogai por nós. Amém.

## 7. Maria, saúde dos enfermos

Uma expressão comum do povo diz que "a saúde é tudo!" Quando vêm enfermidades em nossa vida, tudo muda notavelmente. A vida fica mais difícil de viver, aparecem inseguranças sobre nosso futuro, o medo começa a aparecer em tudo e, no fundo, há o medo de que essa doença vai levar-nos para a morte. E no meio de tudo isso surge nossa mãe Maria, consoladora dos enfermos. Maria tem um carinho todo especial para com nossos enfermos. Ela teve de acompanhar seu marido José na doença e na morte. Ela participou na paixão e na morte de seu filho na cruz. Maria ama os doentes e nunca está longe deles em sua última doença, assim como esteve junto à cruz de seu filho. Maria está ao pé da cruz dos doentes sofredores.

Em primeiro lugar Maria oferece saúde espiritual aos enfermos. Ela os dirige para seu Filho Jesus, que faz verdadeiros milagres diante de suas enfermidades. Ela intercede pelos doentes diante do trono de Deus. Ela os consola, assegurando que nunca estão sozinhos no meio de suas dores, seus medos e seu desânimo. A mãe Maria está sempre ao lado deles. Basta olharem para um ícone ou estátua de Maria para sentirem conforto no meio de seus sofrimentos físicos e psicológicos.

Maria também ajuda os enfermos psicologicamente, dando-lhes apoio, carinho e presença maternal, o que já é grande parte da cura física, espiritual e psicológica. É impressionante, nas Novenas à Mãe do Perpétuo Socorro, ouvir a leitura das cartas de agradecimento de curas, que nem os médicos podem entender ou explicar. Maria intercede pelos doentes, mas é Jesus quem os cura, graças à intercessão de Maria, saúde dos enfermos.

Nas doenças e nos momentos de solidão, olhe para Maria, assim receberá a consolação e saberá que não está sozinho.

### ORAÇÃO

Ó Maria, olhai com carinho para todos os nossos doentes. Sede conforto para eles nos momentos de dor e até de desespero. Aliviai seus sofrimentos com vosso jeito materno. Mostrai para nossos doentes que nunca estais longe deles. Intercedei a vosso Filho que opere a cura de nossos doentes, como Ele fez com os surdos, leprosos, cegos e com a sogra de Pedro. Nós vos agradecemos, mãe e saúde dos enfermos. Ficai bem perto de nós em nossas enfermidades e sofrimentos.

### 8. Maria, nossa esperança

Esperança é uma atitude humana e espiritual quando confiamos no que estamos pedindo e esperamos que de fato aconteça. Esperança é expectativa do que queremos realizar na vida. Espiritualmente é um ato de profunda confiança de que Deus vai dar-nos o necessário para chegar até a casa do Pai na eternidade. Esperança é ver a luz no fim do túnel, apesar de nossos sofrimentos; luz que é Jesus. Esperança é confiar na bondade e no amor de nosso Deus.

Em nossa devoção mariana, colocamos e praticamos essa esperança no amor de Maria como nossa mãe. Aproximamo-nos de Maria, nossa mãe, com esperança, acreditando que ela não se recusará a nos ouvir e atender. Essa esperança é como a de uma criança, que deposita total confiança na presença de sua mãe ou de seu pai. As crianças ficam tranquilas enquanto existe essa presença protetora dos pais. Diante de Maria, nossa mãe, nós experimentamos a mesma confiança, sabendo que Nossa mãe Maria intercederá por nós diante de Deus, para nos obter o necessário em nossa vida. Confiamos que Maria conhece nossos momentos de sofrimento e desespero, porque também passou por tudo isso. Ela teve de viver a esperança quando ficou viúva de José e, especialmente, ao ver seu filho crucificado. Maria, nesses momentos muito difíceis, teve de confiar na bondade e na providência de Deus. Ela confiou, e dessa confiança nasceu sua esperança. Por isso, nas dificuldades da vida pessoal, familiar e comunitária, busquemos Maria com esperança; que ela seja nosso auxílio e apoio e interceda por nós diante de seu filho Jesus. Maria sempre será nossa Mãe do Perpétuo Socorro.

## ORAÇÃO

Ó Maria, nossa mãe, sabeis que muitas vezes nos encontramos em situações difíceis e sem esperanças. Ficamos perdidos e desesperados. Começamos a duvidar que Deus esteja conosco. Nesses momentos, recorremos a vós, Mãe da Esperança. Escutai-nos, vossos filhos, nos momentos de desespero, e intercedei por nós diante do trono de Deus. Mãe, sois muitas vezes nosso último recurso no desespero. Maria, sede nossa mãe e intercedei por nós. Amém.

## 9. Mãe Amável

Talvez o mais comum entre todos os títulos de Maria seja "mãe". Esse título tem sido constante em todas as teologias marianas durante os séculos. E o título fala por si. Maria é mãe, e mãe é mãe. No dia de nosso batismo, além da filiação divina, recebemos também de Deus o dom de Maria como nossa mãe. Isso não é uma ideia sentimental. É uma realidade forte de nossa fé cristã. Somos filhos de Maria. E ela exerce todas as funções de mãe. O Concílio Vaticano, no documento *Lumen Gentium*, disse que Maria é nossa "Advogada, Auxiliadora e Medianeira". Três funções que Maria exerce em favor de nós, seus filhos. Ela nos defende diante de Deus, sempre está a nosso lado para ser nosso auxílio nos momentos difíceis e, finalmente, pede as graças de que precisamos para ser fiéis à aliança de nosso batismo.

Mas talvez o adjetivo que achamos na ladainha mariana seja o mais apreciado pelos filhos dessa mãe: Maria é amável. Amabilidade está descrita no dicionário assim: "A amabilidade pode definir-se como um comportamento, ou um ato que é caritativo, solidário ou afetuoso com outras pessoas. Por isso engloba diversas atitudes, como a simpatia, a generosidade, a compaixão que demonstra delicadeza, cortesia; afável, simpático". E nossa mãe Maria é tudo isso em nossa vida. Sempre podemos esperar que Maria exerça em nosso favor essas características da amabilidade. Mas, para que isso possa acontecer, precisamos, em nossa devoção, deixar que Maria seja para conosco essa mãe amável. Nossa devoção também precisa ser "amável" para com nossa mãe Maria. Temos de permitir que Maria possa ser amável conosco. Só que isso exige de nós que permitamos que ela seja nossa mãe, sem fazer dela alguém tão distante de nós. Maria é nossa mãe amável, e ela o quer ser. Precisamos conhecer e experimentar sua amabilidade. Precisamos deixar que ela seja o que é: Nossa Mãe amável. Alguém bem perto de nós, que nunca nos abandona mesmo quando a abandonamos.

> **ORAÇÃO**
>
> Ó Maria, mãe amável, nós vos suplicamos, com toda a força de nosso coração, amparai a cada um de nós em vosso colo materno, nos momentos de insegurança e sofrimento; que vosso olhar esteja sempre atento para não nos deixar cair em tentação; que em vosso silêncio aprendamos a aquietar nosso coração e fazer a vontade do Pai. Intercedei junto ao Pai pela paz em nossas famílias. Abençoai todos os vossos filhos e filhas enfermos. Enfim, derramai nos corações de vossos filhos e filhas vossa bênção de amor e misericórdia. Sede sempre nosso Perpétuo Socorro na vida e principalmente na hora da morte. Amém.

### 10. Ave-Maria

Com toda a certeza, a primeira oração que aprendemos, quando crianças, foi a da "Ave-Maria". Infelizmente, às vezes, repetimo-la com tanta rapidez, que perdemos a riqueza espiritual e teológica dessa oração tão simples. Vamos tentar recuperar a beleza dessa oração tão antiga na Igreja.

"Ave-Maria": Essa foi a saudação do anjo Gabriel, quando, na Anunciação, veio para anunciar a encarnação do filho de Deus, nosso Salvador (Lc 1,26-28). A palavra "ave" não era a saudação costumeira e diária. A saudação popular era "salve". O anjo usou "ave" porque queria anunciar que algo especial e extraordinário estava para acontecer. De fato, foi o momento mais importante em toda a História da Salvação. Deus veio para pedir a participação dessa jovem mulher nessa história salvífica. Foi um momento de intensa comunhão entre Deus e Maria. Foi o momento em que Maria livremente se colocou em sintonia com a vontade "louca de Deus" (Santo Afonso). E Maria disse em reposta ao apelo de Deus: "Eis aqui a serva do Senhor, faça-se em mim segunda sua vontade" (Lc 1,38).

"Cheia de graça, o Senhor é convosco": O anjo Gabriel declarou que Maria era alguém muito especial no coração de

Deus. Maria foi "povoada por Deus", um templo sacro de Deus e, por isso, era cheia de graça. Graça significa a participação na própria vida de Deus. É dom – é amor divino – é graça. E Maria já estava cheia desse dom e dessa vida de Deus. Estava apaixonada por Deus, e Deus apaixonado por ela. Por isso o anjo podia declarar que "o Senhor é convosco", ainda antes do convite para ser a mãe do Salvador. Maria foi obediente diante do plano do Pai, que pedia que seu filho se encarnasse no "santuário de Maria". Esse "sim" causou essa comunhão intensa e carinhosa de vontades entre Deus e Maria.

"Bendita sois vós entre as mulheres": A prima de Maria, Isabel, proclamou algumas coisas fantásticas sobre Maria. Primeiro declarou que Maria era uma mulher abençoada, simples, com todas as características de mulher: terna, carinhosa, serviçal, pois fez uma viagem difícil, em área montanhosa, somente para cuidar de sua prima, grávida em sua velhice. Mulher caridosa. Por isso era "bendita". E Isabel, inspirada pelo Espírito Santo, percebeu que Maria estava grávida do futuro Messias, o Salvador prometido. Por isso ela era "bendita". O capítulo mais importante da história da Salvação começou com o "sim" de Maria. Por isso ela é "bendita" entre todas as mulheres. Não por seu mérito, mas pela graça de Deus. Deus amou Maria de uma maneira especial, porque ela foi obediente e colocou todo o seu querer em sintonia com o querer do Pai. "Eis aqui a serva do Senhor".

"Bendito é o fruto de vosso ventre, Jesus": Mais uma vez foi Isabel, cheia do Espírito Santo, que pronunciou essas palavras espantosas. Até esse momento, a gravidez de Maria era um segredo entre ela e Deus. Agora que o segredo que era conhecido e profetizado por Isabel, Maria podia explodir em alegria; "Minha alma engrandece o Senhor... O Senhor fez em mim maravilhas e Santo é seu Nome" (Lc 1,46-55). Maria podia partilhar essa graça com sua prima; e o resultado foi que João Batista saltou de alegria no seio de Isabel. Maria seria mãe – mãe do Salvador.

"Santa Maria, Mãe de Deus": Aqui reconhecemos Maria não só como uma mulher cheia de graça, mas também como a Mãe de Deus. Primeiro, reconhecemos a santidade de Maria. Maria é a mulher de Deus, que pela obediência mergulhou na própria santidade de Deus. "Santo, Santo, Santo é o Senhor". A santidade de Maria estava baseada nesse amor preferencial de Deus por essa jovem mulher, mas também era uma santidade que necessariamente terminava no amor ao próximo. E, segundo, celebramos Maria como a escolhida para ser a Mãe de Deus. O filho de Deus encarnou-se no seio de Maria, por isso ela é "Santa Maria, Mãe de Deus".

"Rogai por nós, pecadores, agora e na hora de nossa morte": Aqui encontramos uma das espantosas virtudes de Maria. Ela não rejeita os pecadores. Ela não condena os pecadores. Mas, como mãe, intercede pelos pecadores. O pedido é bem claro: pedimos que Maria fique diante do trono da Trindade, intercedendo pelos pecadores em perigo de perder a graça de seu batismo. Perigo de serem excluídos das promessas de salvação e eternamente separados do Amor do Criador (Pai), do Salvador (Jesus) e do Santificador (Espírito Santo). Por isso, peçamos com confiança que Maria interceda por nós, pedindo perdão quando pecamos e optamos por não viver a aliança de amor de nosso Batismo. Maria, lembre-se de nós quando pecarmos e leve-nos para o perdão obtido pelo sangue de seu filho Jesus na cruz. Pedimos isso no presente e especialmente na hora de nossa morte.

### ORAÇÃO

Ó Maria, sabeis mais do que nós que somos fracos e pecadores. Queremos fazer o bem, mas vem o momento de fraqueza e escolhemos o mal. São Paulo disse-nos que somente por Cristo seremos salvos dessa situação de pecado. Mãe, diante de vosso filho na cruz, intercedei por nós, vossos filhos, no momento de tentação e, sobretudo, no momento de nossa morte. Ajudai-nos a escolher o bem e a vencer o mal. Amém.

# 7
# Maria, modelo dos religiosos

Acho que precisamos iniciar nossa meditação sobre Maria como modelo dos religiosos com alguns esclarecimentos. Diz-se que Maria é a "mãe e o modelo dos religiosos". Mas Maria nunca foi uma religiosa no sentido tradicional, como conhecemos hoje em dia. Maria nunca viveu vida comunitária em um convento, nunca passou pelas etapas de formação, nunca fez um noviciado e nunca praticou um carisma apostólico específico, como convivido na vida religiosa hoje. Maria nunca fez uma profissão pública, prometendo viver os três votos tradicionais, como estamos acostumados a entender. Maria, porém, de fato foi uma mulher consagrada a Deus de forma radical. E é essa forma de consagração radical mariana que nós religiosos precisamos *redescobrir, contemplar, tentar imitar e viver*.

Primeiro, Maria foi plenamente mulher, com todas as características femininas. Ela vivia sua consagração na realidade total de sua feminilidade encarnada na vida diária de mulher, mãe e dona de casa. Maria vivia sua consagração em uma situação real, em um povoado simples, Nazaré; era pobre e nunca fez coisas extraordinárias como milagres. Ela se consagrou a Deus por meio das coisas simples da vida; sua santidade e sua consagração foram vividas no contexto de uma vida simples. Foi isso que fez de Maria uma mulher consagrada: uma mulher que vivia coisas simples e diárias, mas de uma forma extraordinária. Isso deve aproximar-nos dela, porque em nossa vida consagrada não há e não haverá coisas extraordinárias. Podemos santificar-nos na consagração, vivendo as coisas simples de cada dia, como Maria fez.

Mas o que fez Maria capaz de mudar coisas simples de cada dia em algo extraordinário, e assim ser uma mulher consagrada? Voltemos para as coisas básicas e simples da consagração religiosa, de que precisamos refundar. *Maria simplesmente amou*. É tão simples, mas é a definição e o segredo de sua santidade e de sua consagração. Um amor que exigiu dela um frequente sair de si para doar-se a Deus e ao próximo. Amor vivido na radicalidade foi a sua consagração, e pode e deve ser a de todos os religiosos. A consagração é vivida na simplicidade, motivada pelo amor, que é o conteúdo da aliança batismal que fizemos com Deus e que professamos viver como religiosos. Nada de extraordinário: apenas a tentativa de viver um amor radical em tudo.

Toda vida consagrada é a tentativa de viver cada dia nossa aliança batismal de uma forma mais radical e profética. A vocação religiosa não é motivada, em primeiro lugar, pelo serviço da Igreja, da humanidade, da busca de perfeição pessoal. Há uma motivação muito mais profunda do que todas essas razões e que abrange tudo. A razão principal da vida religiosa é uma: mostrar profeticamente a primazia do amor a Deus em nossa vida. A vida religiosa é uma resposta ao primeiro mandamento: "Ouve ó Israel; o Senhor nosso Deus é o único absoluto. Amarás o Senhor teu Deus com todas as tuas forças, com todo o seu entendimento e com toda a tua alma" (Dt 6,5). Mas, esse amor radical a Deus necessariamente tem de terminar no amor ao próximo, na vida e não intelectualmente, mas com os dois pés no chão. "Amarás o teu próximo como a ti mesmo" (Lv 19,18). Esses dois mandamentos, vividos de uma forma radical, são a raiz de toda a consagração, seja batismal, religiosa ou sacerdotal. E Maria é nosso modelo na vivência dessa aliança do Batismo. Ela vivia isso em contextos concretos da vida.

> Os membros de todo e qualquer instituto, lembrem-se sobretudo, responderam à vocação divina pela profissão dos conselhos evangélicos, não só para morrerem ao pecado (cf. Rm 6,11), mas também para, renunciando ao mundo, viverem exclusivamente para Deus. Puseram toda a vida a seu serviço, o que constitui uma consagração especial, que se radica intimamente na consagração do Batismo e a exprime mais perfeitamente (*Perfectae Caritatis*, n. 5).

Portanto Maria e a vida religiosa têm de ser reconhecidas na Igreja e pela Igreja sob o aspecto da primazia do amor a Deus. E a autenticidade da vivência da vida religiosa tem de ser julgada segundo essa norma. Isso tem de ser dito com insistência, pois pode acontecer que algumas comunidades sejam julgadas não pelo amor supremo a Deus, mas pelo critério de utilidade, ou pelo trabalho que exerce. Como é fácil esquecer-nos do projeto original e simples dos Padres do Deserto. Eles somente queriam viver a aliança de seu batismo, em uma forma mais radical, que fala de amor e não de leis, nem de trabalhos.

Maria vivia diariamente um amor que a levou para compromissos com Deus e com seu próximo. Um amor radical a Deus, que criou nela a necessidade de comunhão com Ele por meio de oração pessoal, da liturgia doméstica e frequentando a sinagoga cada sábado, para ouvir sua palavra. Maria ensinou-nos a necessidade absoluta de união com Deus, por meio da vida diária e fidelidade à oração, que está faltando entre muitos religiosos nestes dias, com tantas distrações e falta de compromisso com a aliança batismal e religiosa. Oração sincera, pessoal e comunitária impulsionou Maria à obediência que captava a vontade de Deus-Pai e que exigiu dela uma confiança inabalável no amor de Deus. Sem oração sincera não existe vida consagrada. Não há amor mútuo entre Deus e o consagrado sem intimidade por meio da oração, da palavra de Deus e da liturgia, especialmente da eucaristia.

## A obediência de Maria

A maioria dos que escrevem sobre os votos na vida consagrada concordam que o voto mais profundo, mais bíblico e mais importante é o voto de obediência. É o voto global, que toca em tudo e também nos outros dois votos. Uma obediência, que exige a *busca* da vontade de Deus e se revela em várias fontes: na palavra de Deus meditada (*Lectio Divina*), na liturgia (*Eucaristia*), na partilha de uma comunidade de consagrados (*fé partilhada*) e nos sinais dos tempos. Foi assim na vida de Cristo encarnado, que precisou rezar, frequentar a sinagoga, para ouvir a palavra de Deus, visitar o Templo, uma vez por ano, para estar na casa ou na presença amorosa de seu Pai, e celebrar sua consagração. E Cristo aprendeu tudo isso por meio do exemplo diário de Maria, sua mãe.

"O Espírito do Senhor está sobre mim, pois me ungiu para evangelizar os pobres. Enviou-me a curar os quebrantados de coração, a pregar liberdade aos cativos, e restauração da vista aos cegos, a pôr em liberdade os oprimidos, a anunciar o ano aceitável do Senhor" (Lc 4,18-19).

Cristo, como Maria, teve de buscar e discernir a vontade do Pai. Mas, sem dúvida, Jesus humano e encarnado teve de aprender tudo isso com sua mãe, por meio de seu exemplo e testemunho de vida. Hoje, precisamos contemplar Maria obediente e aprender muito dela que foi mulher totalmente aberta à palavra de Deus.

Maria foi obediente, seguindo uma dinâmica que, sem dúvida, ensinou para seu filho Jesus. Toda a obediência de Maria começou no "ágape", no amor carinhoso a Deus e de Deus a sua consagrada. Sem amor não há obediência. A obediência começa nesse jogo de amor mútuo. E Maria amou a Deus com profundidade e força até nos sofrimentos. Dentro desse amor mútuo, Deus revelou seu querer a sua consagrada Maria. Revelou sua vontade de, mais cedo ou mais tarde, salvar toda a humanidade de seu pecado e de sua separação. O Pai é misericordioso, e toda obediência toca nessa vontade do Pai. Antes da anunciação, Maria tentou sempre captar essa vontade. Diante dessa descoberta, Ela e os religiosos precisavam dar uma resposta. Precisavam tentar fazer do querer do Pai seu próprio querer, e isso livremente. "Eis aqui a escrava do Senhor, faça se em mim sua vontade". Maria fez do desejo salvador do Pai seu desejo. E o resultado de sua obediência foi que "O Verbo se fez carne e habitou entre nós" (Jo 1,14).

E nós, religiosos, com as dificuldades quanto ao voto de obediência, nesta idade de individualismo exagerado, precisamos contemplar Maria, porque nem sempre foi fácil para ela acolher esse "querer do Pai". Precisamos contemplar Maria na fuga para o Egito; sua vida muito difícil como viúva de José, em uma sociedade que considerava as viúvas castigadas de Deus; quando Jesus precisou sair de casa para iniciar sua missão evangelizadora; mas, sobretudo, ao pé da cruz, vendo seu filho crucificado. Não, nem sempre foi fácil para Maria dizer "sim, Pai". Que ela seja nossa força e consolação na vivência de nossa obediência nas decisões mais difíceis.

Um religioso, pelo voto da obediência, simplesmente quer continuar a obediência de Maria e de Jesus. Quer seguir o Mestre como discípulo cheio de fé e de confiança na vontade salvífica do Pai. Pelo voto da obediência o religioso entra na corrente da história da salvação e continua o mesmo gesto salvador de Cristo e de Maria. A obediência, livremente assumida por amor, continua a vontade "louca" do Pai que quer salvar toda a humanidade. A obediência religiosa, livremente vivida, continua a vontade salvífica do Pai. A obediência continua o querer do Pai, que é salvar a todos sem exceção. Mas, obediência exige confiança, vigilância e amor, para captar esse "querer do Pai", que desemboca em uma obediência filial. O fim é sempre o mesmo: continuar o desejo do Pai que quer salvar toda a humanidade. É contemplando Maria, a obediente, que podemos descobrir o verdadeiro sentido da obediência na vida consagrada. "Eis aqui a escrava do Senhor faça-se em mim sua Vontade."

## A castidade de Maria

Infelizmente, nossa noção de castidade consagrada se reduziu, por séculos, somente ao conceito da abstinência do uso genital de nossa sexualidade. Sim, o voto de castidade inclui esse elemento. Mas o sentido e a vivência da castidade é muito mais vasto. Todo ato em que eu livremente saio de mim mesmo e de minhas preocupações, para poder amar e servir aos outros, é um ato de castidade concreta na consagração religiosa. Todo ato de caridade é um ato de castidade. Por isso Maria vivia uma castidade encarnada, pois viu sua prima grávida e idosa precisando de socorro e foi, às pressas, ajudá-la. Como mulher e mãe, viu como os noivos iam passar vergonha pela falta de vinho, por isso conseguiu o começo carismático e milagroso da missão de seu filho Jesus. Como mulher casada, colocou muito carinho em seu serviço doméstico. Como mãe, precisou ficar ao pé da cruz, apoiando seu filho e participando do ato da redenção. Em tudo isso, Maria viveu a castidade. Tudo isso foi castidade encarnada na vida e nas coisas simples de cada dia. Maria foi uma mulher que viveu plenamente a castidade. Foi casta no sentido de abstinência genital, assumindo a vida de casada, e também de castidade virginal. A castidade de Maria foi vivida na realidade de uma mulher jovem, que livremente assumiu a castidade para dirigir todo o seu coração indiviso a Deus, e isso no contexto do casamento. Maria foi mulher totalmente sexuada, que queria viver o maior de todos os mandamentos de uma forma mais radical: "Amarás o Senhor teu Deus de todo teu coração". O fim da castidade é poder amar a Deus e ao próximo de todo o coração, e isso inclui a oferta de nossa sexualidade como *dom*. E nisso Maria foi exemplar para todos os religiosos. Padre Raniero Cantalamessa comenta que: "A chave (da castidade religiosa) é o apaixonar-se pessoalmente por Cristo. A beleza e a plenitude da vida consagrada dependem da qualidade de nosso amor por Cristo. É só o que pode defender-nos dos altos e baixos do coração". Não há dúvida de que não somente Maria vivia esse amor a Cristo, mas também é certo que Jesus aprendeu com Maria o valor da castidade virginal voltada para o Pai.

A vivência do voto e da virtude da castidade é um dom de Deus. Deus é amor. Deus é casto. Maria percebeu que a castidade é um dom, uma chamada vocacional, por isso precisou humildemente pedi-lo, para viver na atitude constante de sair de si para amar e doar-se a Deus e ao próximo. A castidade é um dom de Deus, e Ele dá esse dom para quem o pede. Mas Deus quer a cooperação do religioso no cultivo desse dom. Maria, mais uma vez, é exemplo e encorajamento para se viver a castidade consagrada em favor do Reino. Maria constantemente pede a Deus esse dom para os religiosos. Cada dia, nós religiosos precisamos com humildade pedir o dom do amor consagrado, pedindo que Maria interceda por nós.

Sem o elemento da renúncia é impossível viver a castidade religiosa. Ascese aqui não significa uma atmosfera de suspeita ou de "cuidado" com nossa sexualidade, mas, sim, um esforço para aumentar nossa capacidade de amar. A primeira ascese é a liberdade, que aqui significa a opção de dirigir todas as manifestações de nossa sexualidade para o amor a Deus e ao próximo. Maria serviçal anima-nos nesse aspecto de renúncia alegre na castidade.

A pergunta radical e básica para uma experiência de celibato maduro continua sendo a formulada por Cristo quando diz a Pedro: "Você me ama"? É somente em uma vida, cujo centro é Cristo, que se realiza uma verdadeira intimidade do celibatário com Cristo, para ser com Cristo amante radical (Santo Afonso). Toda a vida de Maria, em sua contemplação do filho que lhe revelou o Pai, fez de Maria uma mulher sexuada totalmente *apaixonada por Deus*. Por meio da contemplação do amor e da fidelidade de nosso "Amante Divino", Cristo, é que um religioso, como Maria, chegará até um amor radical a Deus e ao próximo. Castidade é amor e serviço.

Castidade também é cultivar uma amizade adulta e comprometida com a pessoa de Maria. É amar a pessoa de Maria e ser amado por ela. É acolher Maria como mulher sexuada, feminina, intercessora, amiga íntima e mãe. A devoção a Maria casta volta-se para uma mulher encarnada e adulta, que ama seus consagrados e quer ser amada por eles.

## A pobreza de Maria

Maria expressou sua pobreza quando reconheceu que o Senhor nela fez coisas maravilhosas, e em sua pobreza precisou devolver tudo isso a Deus na forma de um cântico de louvor: "O Senhor fez em mim maravilhas". Só que Maria reconheceu que Deus era a fonte de tudo e, por isso, como pobre, declarou: "Santo seja seu nome!" Toda pobreza religiosa significa reconhecer as maravilhas que Deus fez e continua fazendo na vida do consagrado. Havia uma harmonia de amor cercando a vida de Maria, toda ela concretizada em atos concretos e simples. Deus é amor, e Maria, por causa de sua intimidade com Deus, tornou-se amor e assim foi consagrada. Maria dirigiu tudo em sua vida para o culto e a adoração a Deus, o "Dono dos dons". Todo culto é um ato de pobreza religiosa.

Para poder viver tudo isso, Maria teve de viver uma vida toda de renúncia a si mesma, para poder amar. Renúncia aos bens materiais e ao orgulho que, de qualquer forma, pudessem diminuir seu "louvor ao nome do Senhor". Renúncia a todo amor que pudesse dividir seu coração. Renúncia a sua própria vontade, para poder estar em comunhão com a vontade salvífica de Deus. Renúncia a seus gostos, preferências, posses e opções, para poder sair de si e satisfazer a Deus, seu único Senhor. Tudo isso, porém, ela o fez motivada pelo amor, e não como forçada. Sem amor voltado para Deus, não há pobreza religiosa. Assim foi a pobreza de Maria. Foi doação livre e alegre. Renúncia não só a coisas materiais, mas, o que é muito mais difícil, a coisas espirituais. "Bem-aventurados os pobres de espírito, porque deles é o reino dos céus" (Mt 5,3).

O Concílio Vaticano apresentou Maria como mulher de grande intimidade com as três pessoas da Trindade. Uma mulher de oração. Oração é pobreza, porque reconhecemos que tudo vem de Deus. O Concílio declarou Maria "como a predileta do Pai; o sacrário do Espírito Santo e, sobretudo, a mãe do Redentor". Toda oração, motivada por uma dependência libertadora de Deus, é uma expressão de pobreza. Não é de surpreender que, em quase todos os ícones bizantinos de Maria, ela apareça com a boca pequena e fechada, significando que foi mulher pobre, de oração e de contemplação: "Sua mãe, porém, guardava todas essas coisas em seu coração" (Lc 2,19).

A devoção a Maria, portanto, deve levar-nos também para uma pobreza que se manifeste como devoção a cada pessoa da Trindade. A devoção mariana não pode terminar em Maria; deve ser, porém, um caminho, uma estrela que nos leva para a intimidade com cada pessoa da Santíssima Trindade e para o culto e para a adoração da Trindade. Isso é pobreza evangélica.

Maria mostra-nos, por sua vida no evangelho, como viver a pobreza de fato, na realidade material. Vivia a busca de uma simplicidade de vida, procurando somente o necessário. Nossa inserção, quando tentamos viver com e como os pobres que servimos, é testemunho profético da pobreza evangélica. Isso quando abraçamos a luta dos pobres e sobretudo a necessidade da renúncia e do profetismo neste mundo materialista, que rejeita os valores espirituais. Maria é nosso modelo em tudo isso.

Ela mostrou-nos como viver a pobreza de espírito. Reconheceu que tudo vem de Deus, por isso precisamos devolver tudo a Deus, em atos de culto e adoração. Sem humildade, como a que Maria viveu, é impossível viver a pobreza espiritual. E, finalmente, mostrou-nos sua confiança inabalável na providência divina, o que não era nada fácil para ela, que sabia que um dia uma espada iria transpassar seu coração. Maria, nas dificuldades da vida, e houve grandes dificuldades, nunca perdeu sua esperança na Providência Divina e isso foi um sinal profético de sua pobreza.

Pobreza é reconhecer que somos limitados, por isso precisamos de um Salvador: "Minha alma engrandece o Senhor e meu espírito rejubila em Deus *meu salvador*" (Lc 1,47). Maria, concebida sem pecado, também precisava de um Salvador, seu Filho Jesus. Pobreza é reconhecer com fé a promessa de salvação, graças às chagas de Jesus Cristo. Ser dependente de Deus e dos membros de nossa comunidade é continuar a pobreza mariana.

## ORAÇÃO

Senhor nosso Deus, autor generoso de toda vocação, olhai com bondade para vossos servos consagrados, que desejam experimentar e profetizar essa vocação da vida consagrada, e fazei que estes irmãos conheçam e executem a vontade Divina e que sejam apaixonados por Deus, em sua castidade, e pobres de espírito, dependentes de Deus e de seus coirmãos. Pedimos isso pela intercessão de Maria, mãe dos consagrados e por Nosso Senhor Jesus Cristo, o Consagrado. Amém.

# 8
# Contemplação do ícone de Maria, Mãe do Perpétuo Socorro

A finalidade deste capítulo não é ensinar algo. Quero simplesmente facilitar uma reflexão espiritual e orante, por meio da contemplação da mensagem inserida em nosso ícone de amor, Nossa Mãe do Perpétuo Socorro, e, mais importante ainda, ajudar a experimentar seu amor a cada um de nós.

Primeiro, que é um ícone? Um ícone pode ser descrito como uma janela, ou uma porta pela qual podemos encontrar-nos com Deus, e Deus encontrar-se conosco. É uma janela, que, aberta em duas direções, ajuda-nos a experimentar a Copiosa Redenção de Deus e a dar uma resposta agradecida a essa graça. O ícone não é uma obra de arte, como em nossa cultura ocidental. Os ícones nunca foram feitos para serem apreciados pela sua beleza artística. Um ícone é uma oração, que deve ajudar-nos a conhecer, aprofundar uma experiência mais íntima do amor de Deus e, sobretudo, tentar descobrir qual é a vontade de Deus a nosso respeito.

É por isso que a maioria dos ícones tem um fundo de ouro, que significa já a presença de Deus. É Deus conosco. Antes de contemplarmos um ícone, Deus já está em nossa presença – já está na janela – já está batendo à porta. A iniciativa é de Deus, convidando-nos a entrar, pela janela ou pela porta, para conhecer e experimentar seu amor e sua promessa de Copiosa Redenção. O ícone fala do amor de Deus por nós.

Os ícones, normalmente, eram pintados por monges na tradição teológica da Igreja Bizantina ou Oriental. É uma teologia muita rica. Meses de oração e contemplação foram vividos, antes que um monge pintasse na madeira o fruto de sua contemplação. Somente depois da contemplação de algum mistério de nossa fé é que o monge tomava o pincel para iniciar sua pintura, que era, pois, fruto de sua oração. A imagem pintada vinha da experiência mística do monge pintor.

Portanto, um ícone deve ser para nós uma fonte de meditação, em que tentamos descobrir a mensagem espiritual que o monge deixou impressa. Não é como nossa arte ocidental, que busca efeitos especiais com luz, sombras e cores. Um ícone é uma pintura que conta uma experiência de Deus e convida-nos a participar de uma experiência espiritual.

É isso que vamos tentar fazer neste capítulo. Uma meditação ou uma contemplação do sentido e da mensagem que o monge deixou para nós em seu ícone do Perpétuo Socorro. Sem dúvida, vamos ver que esse ícone é de amor.

Nele há quatro personagens: O Arcanjo Miguel e o Arcanjo Gabriel, identificados pelas letras gregas em cima de suas imagens. Eles têm nomes, identidades, significados bíblicos, que nos ajudam a entender melhor a mensagem do monge. Depois há a figura de Deus Encarnado, de Jesus humano na forma de um menino. E, finalmente, a quarta figura é Maria, como Mulher, casada e mãe (veste azul), que está no centro do ícone, significando algo especial, algo que deve chamar nossa atenção em nossa contemplação.

Durante o ano jubilar dos 150 anos que o Ícone do Perpétuo Socorro está sob a guarda da Congregação Redentorista, eu gostaria de pedir que contemplássemos sua mensagem e partilhássemos isso com o povo que vem celebrar sua Mãe do Perpétuo Socorro nas Novenas Perpétuas e em nossos santuários marianos. Quanto mais os devotos conhecerem sua mensagem, tanto maior será sua devoção a Maria e a seu filho Jesus.

Eu pessoalmente nasci em uma paróquia redentorista em Brooklyn, Nova York, e, desde criança, vi meu pai e minha mãe celebrarem, cada quarta-feira, a Novena Perpétua, levando seus seis filhos à Igreja. Mas, era sempre um mistério para mim, por que chamavam esse ícone de "Maria, Mãe do *Perpétuo Socorro*"? Somente vários anos depois, ao me tornar redentorista, finalmente sentei em oração para contemplar nosso ícone. Levou muito tempo e muita oração. Gostaria de partilhar com vocês os frutos de minha contemplação e de minha oração sobre esse ícone.

Mais uma vez gostaria de frisar que o ícone Perpétuo Socorro não é uma obra de arte, para superficialmente apreciarmos o dom artístico do monge pintor. Esse ícone está fundado na rica teologia mariana da Igreja Oriental. Um ícone tem por finalidade facilitar um encontro com Deus. Um ícone deve ser rezado, como fonte de contemplação de Deus e de seu desejo de salvar toda humanidade.

Na arte bizantina, o monge normalmente pintava seus ícones em madeira, como o Perpétuo Socorro original. Simplicidade é sua primeira característica. Um ícone é um convite a contemplar a pintura, para tirar pouco a pouco a mensagem espiritual e teológica escondida na pintura. Por isso, cada detalhe é importante para observar e rezar. Cada detalhe é uma janela para entrar e experimentar o coração de Deus. O ícone do Perpétuo Socorro fala do desejo de Deus-Pai, que quer salvar toda a humanidade pela cruz de seu filho. É um ícone que descreve a copiosa redenção que vem do coração do Pai, por Cristo no Espírito Santo e, importante, pelo "sim" de Maria.

Os temas que os monges bizantinos pintavam foram classificados em várias categorias: as fases da criação, nosso Salvador Jesus Cristo, os anjos, Maria, os Santos, os fatos principais da Bíblia e da História da Salvação no Antigo e no Novo Testamento. Nosso ícone do Perpétuo Socorro insere-se na categoria dos ícones da Paixão de Jesus Cristo. Parece estranho, mas espero que descubramos o porquê, ao fazer a contemplação do ícone. Vamos então iniciar nossa contemplação sobre o que o monge nos deixou.

Como já foi indicado, há quatro figuras no ícone: Miguel, Gabriel, anunciadores da Boa-Nova de salvação, Jesus Encarnado, como um menino, e Maria, como mulher e mãe.

Na maioria dos ícones, Maria está vestida de vermelho, cor que frisava sua virgindade. Mas nosso monge quis frisar que ela é mãe e mulher casada, por isso vestiu-a de azul. A parte de sua roupa mais íntima é vermelha, o que significa que Maria é também Virgem.

No manto, sobre a cabeça de Maria, há uma estrela de oito pontas. Isso foi pintado para ensinar que Maria agora é a nova estrela que nos guia e nos dirige sempre para seu filho Jesus. A estrela de oito pontas significava, na arte bizantina, a estrela de salvação, da Redenção e era também um símbolo do batismo, sendo, portanto, símbolo de Cristo e de sua Copiosa Redenção.

É importante frisar que não existe uma devoção mariana que não termine em Jesus. É por Maria, "estrela-guia", que chegamos até Jesus e seu dom de Salvação.

Também no manto, há uma cruz de quatro pontas, indicando a Paixão como tema do ícone.

Na contemplação do monge artista, Jesus, como qualquer criança, estava fora da casa brincando, quando de repente teve uma visão. E essa visão deixou-o profundamente perturbado e com grande medo. E como qualquer criança, nessa situação de medo, a primeira coisa que fez foi correr com pressa para sua mãe, Maria, buscando consolo, ajuda e proteção. Vemos o Filho de Deus Encarnado com medo. Ele assumiu e sofreu todos os nossos sofrimentos humanos. É necessário contemplar esse esvaziar-se, pelo qual o Filho de Deus desceu e se fez pobre e, em sua extrema pobreza, assumiu todos os nossos sentimentos e sofrimentos humanos. Jesus experimentou o medo.

Para que possamos entender o medo de Jesus, precisamos contemplar o que cada arcanjo está apresentando a Jesus nessa visão.

O anjo Gabriel está segurando uma cruz e, na base, ele apresenta a Jesus quatro pregos. Todos são os instrumentos da Paixão de Jesus. Gabriel é o anjo que serviu a Deus como mensageiro e, agora, veio para anunciar ao menino *sua futura paixão*, isto é, por amor ia salvar toda a humanidade.

O anjo Miguel está segurando a lança, que vai perfurar o coração de Jesus na cruz e também a esponja com vinagre misturado com fel, que foram apresentadas a Jesus. Na tradição oriental, São Miguel era um dos anjos presentes na morte de Jesus.

A visão, pois, apresentou a Jesus todos os instrumentos de sua futura paixão. O Pai, por meio de seus fiéis anjos, estava apresentando a seu filho amado seu desejo misericordioso de salvar toda a humanidade, por meio do sim livre de seu filho encarnado. "Somos salvos pelas chagas de Cristo!" "Eis o Cordeiro de Deus, que tira o pecado do mundo!"

A visão foi um apelo para quebrar o fechamento radical a Deus, causado pelo "não" do primeiro Adão. O Pai precisava do "sim" livre do filho para realizar seu desejo de salvar toda a humanidade por meio da paixão e ressurreição de seu filho amado. A visão era um apelo antecipado para a obediência filial do Novo Adão, Jesus, diante da vontade salvífica do Pai, que pediu ao filho uma confiança inabalável, que nunca o abandonaria, quando essa Paixão acontecesse. Fé que seria traduzida em um ato supremo de obediência filial, que salvaria a humanidade da separação de seu Criador. "Porque todos pecaram e destituídos estão da glória de Deus; sendo justificados gratuitamente pela sua graça, pela redenção que há em Cristo Jesus" (Rm 3,23-24).

Diante dessa visão, é claro que o menino Jesus ficou profundamente assustado e não andou, mas correu para sua mãe Maria. Ele correu com tanta pressa, que nem teve tempo de arrumar sua sandália, que está pendurada em um de seus pés. Segundo alguns, essa sandália representa os pecadores, que Jesus ainda quer segurar e oferecer-lhes o dom de conversão e perdão. A expressão "Salvo por um fio de misericórdia" é uma referência a Cristo, que nunca desiste de chamar os pecadores para acolher o perdão de seu Pai.

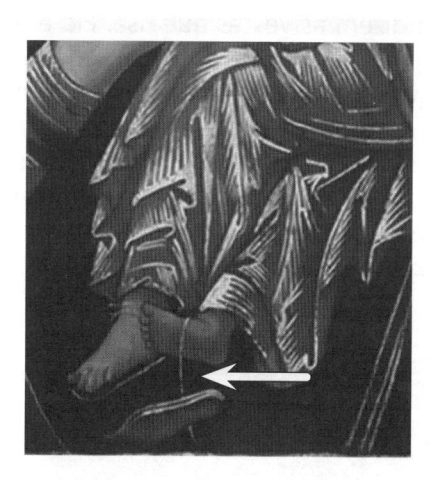

Maria, vendo o filho perturbado, acolheu o menino em um de seus braços, e Jesus certamente com muito medo escondeu seu rosto no peito de Maria, bem perto de seu coração, para esconder-se dessa visão.

Contemplemos agora o menino Jesus. Ele está vestido de verde, que era a cor exclusiva dos imperadores bizantinos, com um cinto vermelho, o que significa que Jesus é rei. O monge está declarando a identidade soberana de Jesus. "Sim, eu sou Rei", disse Jesus a Pilatos. Jesus usa também um manto cor da terra, que significa sua encarnação. Jesus é, portanto, *Humano e Divino*, como o dizem as vestes que usa. Ele é o filho amado do Pai e, ao mesmo tempo, o Verbo Encarnado. Também o forro do manto de Maria é verde; Maria é mãe e rainha

Agora concentremos na pessoa de Maria, como Mãe do Perpétuo Socorro. Maria, ao ver o filho assustado, toma-o em um de seus braços e coloca-o bem perto de seu coração. O menino, procurando proteção, com suas duas mãos segura firmemente a mão de sua mãe.

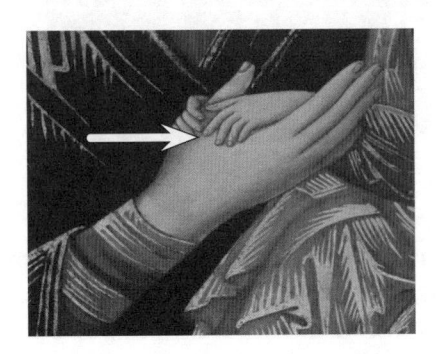

Maria oferece a seu filho *Perpétuo Socorro*, porque ela plenamente entendeu o significado da visão e a mensagem dos Arcanjos. A visão da Paixão também era dirigida a Maria, corredentora da humanidade. Ela foi convidada a estar presente, quando a Paixão fosse acontecer, como mãe e apoio do Filho. Ela prometeu que nunca abandonaria seu filho nesse momento e estaria "em pé" diante da cruz. Nesse ícone, ela é convidada a participar livremente da salvação da humanidade, com seu filho, Jesus. Deus está pedindo seu "sim" livre, como a "Nova Eva".

Mas sua preocupação, nesse momento, é proteger seu filho, confortá-lo e ser uma fonte de segurança e esperança, para que Ele possa dizer: "sim Pai, eis me aqui". Maria promete ao filho, cheio de medo, que estará ao pé da cruz para encorajá-lo em sua Paixão salvadora (cf. Jo 19,25).

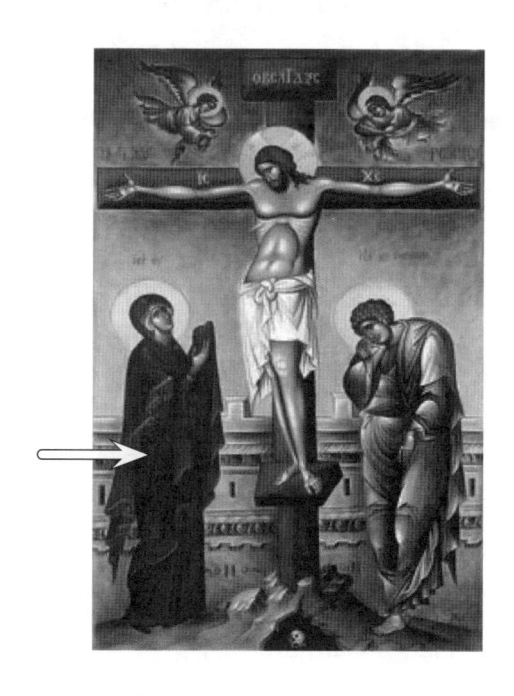

Maria, a obediente desde a anunciação, encoraja seu filho a contemplar a vontade redentora do Pai. Ela consola-o dizendo que tudo não vai terminar na morte da Paixão, mas haverá a Ressurreição, como dom do Pai pela obediência do Filho. Maria, nesse momento, sussurra ao ouvido do Filho que nunca irá abandoná-lo nesse momento crítico na história de salvação.

E diante dessa segurança, o menino tira a cabeça do peito de Maria, volta a cabeça e começa a contemplar a visão de São Gabriel com menos medo. Seus olhos estão diretamente olhando para a cruz e os cravos.

E foi nesse momento que a criança, apoiada pelo conforto da mãe, disse ao Pai: "Sim, Pai. Em obediência, vou oferecer minha vida por amor, para salvar toda a humanidade". E note que agora há certa calma em seu rosto. E tudo aconteceu graças à intercessão de Maria do Perpétuo Socorro. A obediência da mãe foi um apelo para Jesus acreditar também no amor do Pai e no dom futuro da Ressurreição, no meio dos sofrimentos da cruz.

Mas, ainda não tive resposta para meu problema: por que chamam esse ícone de "Perpétuo Socorro"? Comecei a contemplar a pessoa de Maria no ícone. Cada detalhe aproxima-nos do conhecimento e da experiência do apoio de Maria como nossa mãe e intercessora diante de nossas cruzes.

Em toda arte bizantina, a boca de Maria é pequena e está fechada. Isso significa uma mulher de oração e de profunda contemplação de Deus e de sua vontade salvífica. É um sinal de sua intimidade com Deus, e de Deus com ela. Maria é a mulher "cheia de graça". Ela é a mulher e mãe que "conservava todas estas palavras, meditando-as em seu coração" (Lc 2,19).

Sei que talvez seja um pequeno detalhe, mas é muito importante. Note que o monge deixou uma pequena parte da orelha direta de Maria exposta. É uma profunda revelação da obediência de Maria, que *se pôs à escuta* para captar, em tudo, a vontade do Pai. A orelha exposta indica a participação da radical obediência de Maria na história de salvação, antes ainda da Paixão de seu filho Jesus. Maria já dizia na anunciação: "Eis aqui a serva do Senhor, faça-se em mim sua vontade". A palavra obediência vem da palavra grega "orelha" ou "ouvir". Jesus aprendeu com sua mãe o significado da obediência. Cristo humano aprendeu a dizer "sim" ao Pai pelo exemplo de sua mãe. Maria ensinou Jesus a "abrir seus ouvidos" diante da vontade salvífica do Pai.

Agora a rica teologia bizantina mariana do monge começa a aparecer. No ícone, Maria está olhando com intensidade para quem? Ela não está olhando para seu filho Jesus, como deveríamos esperar, se ela queria confortá-lo. *Maria está olhando diretamente, hoje e sempre, para nós, seus outros filhos.* Perpetuamente olha para nós. E o monge fez seus olhos tão perfeitos, que podemos olhar para ela de qualquer ângulo: ela nunca tira seus olhos de nós. Desde que Jesus nos deu sua mãe como nossa mãe na cruz ("eis aí tua mãe"), Maria nunca tirou seus olhos de nós. "Junto à cruz de Jesus estavam de pé sua mãe, a irmã de sua mãe (...) Quando Jesus viu sua mãe e perto dela o discípulo que amava, disse a sua mãe: *Mulher, eis aí teu Filho.* Depois disse ao discípulo: *Eis aí tua Mãe.* E dessa hora em diante o discípulo a levou para sua casa" (Jo 19,25-27).

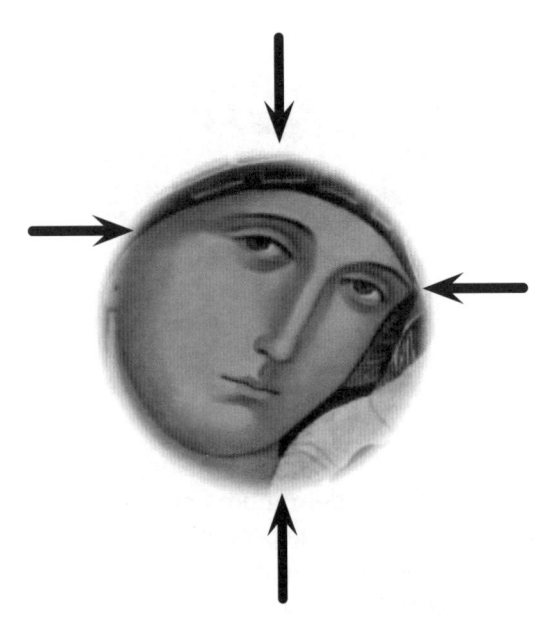

Sim, Maria está sempre olhando para nós. Mas seu rosto é alegre ou triste? *É profundamente triste.* Ela está vendo seu filho Jesus sendo ainda crucificado nos pobres, marginalizados, injustiçados, naqueles que vivem na miséria, sem a dignidade de filhos de Deus, nos pecadores que perderam esperança do perdão, nas famílias quebradas. Parece que ela está a ponto de chorar diante de tanta indignidade e desigualdade humana, espiritual e psicológica. E, olhando bem para seus olhos, há um apelo muito intenso: "Ajude-me a aliviar e curar os sofrimentos de meus filhos amados, para que meu filho Jesus *não continue sofrendo neles*".

> Porque tive fome e não me destes de comer; tive sede e não me destes de beber; era peregrino e não me acolhestes; nu e não me vestistes; enfermo e na prisão e não me visitastes. Também estes lhe perguntarão: "Senhor, quando foi que te vimos com fome, com sede, peregrino, nu, enfermo, ou na prisão e não te socorremos?" E Ele responderá: "Em verdade eu vos declaro: todas as vezes que deixastes de fazer isso a um destes pequeninos, *foi a mim que o deixastes de fazer*" (Mt 25,42-45).

Cristo ainda sofre naqueles que sofrem, e Maria, triste, também sofre junto com seu filho Jesus crucificado neles.

Ainda havia para mim um mistério no título de "Perpétuo Socorro". Um dia, contemplei algo muito importante no ícone. Vamos contemplar a mão de Maria, que Jesus está segurando firmemente. Esse item está no centro de todo o ícone. Era importante para o monge pintor. A mão de Maria está fechada ou aberta? Alguém poderia pensar que, para dar sua assistência e apoio materno a Jesus, Maria teria fechado sua mão sobre as mãos de Jesus para consolá-lo.

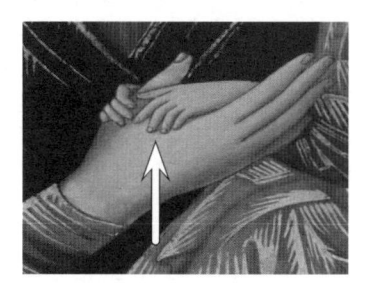

Mas sua mão está *perpetuamente aberta*. Para mim isso foi em todo o ícone o segredo mais importante do monge. Há espaço para colocar mais uma mão na mão de Maria, a sua e a minha. A mensagem é muito simples. Quando encontramos problemas, que causam medo em nosso coração, quando somos pecadores e duvidamos do amor e do perdão de Deus-Pai, quando estamos desanimados e perdendo a força de nossa fé, a mensagem do ícone é clara: *vá a sua mãe*, coloque sua mão na mão dela, como Jesus fez, e ela vai dar-lhe seu *Perpétuo Socorro*. É por isso que ela é chamada de Mãe do Perpétuo Socorro, Ícone de amor.

**Maria, eis minha mão!**

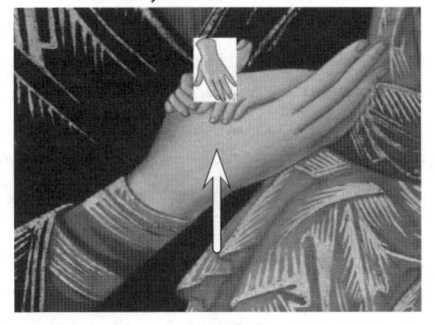

Somente depois que colocamos nossa mão sobre a mão dela, é que ela vai fechar sua mão sobre a nossa para nos amar, libertar e consolar. Portanto, a mensagem do ícone é realmente muito simples, como toda contemplação deve ser. Nos momentos difíceis em nossa fé, *vá a sua Mãe do Perpétuo Socorro*, coloque com fé sua mão fraca sobre a mão de sua mãe e ela vai acolher e confortar você, mas também desafiar para continuar sua luta na fé. Maria dará para nós a calma e o sossego, como fez com Jesus, para virar nossa cabeça e contemplar nossa cruz e a vontade salvífica do Pai, que precisa de nosso "sim" em circunstâncias concretas de vida. Ela vai ensinar-nos a dizer "Sim, Pai", para entrarmos na corrente da história de salvação com Jesus e Maria. Nós participamos da vontade salvífica do Pai por meio de nosso "sim livre", motivado pelo amor.

Mas, há mais uma mensagem que nosso monge nos deixou em seu ícone, que talvez seja o detalhe mais difícil de acolher e viver. Mais uma vez contemple a mão aberta de Maria. Ela está direcionada para quem? Diretamente para seu filho Jesus. Para seu filho, o Santíssimo Redentor, preparando seu "sim, Pai, eis me aqui". Maria está dizendo para nós: "Não venha a mim para fugir de suas cruzes".

Maria diz a nosso coração que nossas cruzes, como a cruz de Jesus, continuam o ato de salvação da humanidade. Não falo aqui das cruzes que, às vezes, inventamos e sofremos inutilmente. Mas das cruzes que vêm de Deus e da vida, sobre quais não temos controle, mas que, em nossa intimidade com Deus, na oração e na liturgia, descobrimos como manifestação da vontade de Deus, que quer nossa participação na história de salvação com seu Filho Jesus. Maria, por meio desse gesto de apontar para seu filho Jesus, está a nos convidar para participar na vontade salvadora do Pai, que quer salvar todos, mas que precisa hoje de nosso confiante "sim, Pai", em comunhão com a cruz de Cristo. Nosso "sim", assumido em obediência, salva e continua a paixão salvífica de Jesus na cruz. Nós participamos da história da Salvação e da salvação da humanidade, e esse é o último apelo de Nossa Mãe do Perpétuo Socorro. Confie na fé diante de sua cruz, porque depois da cruz há a promessa da ressurreição.

No meio de qualquer cruz que enfrentemos, Maria mais uma vez sussurra a nosso ouvido que, quando precisarmos sofrer em favor do reino e da salvação da humanidade, ela estará de pé, junto de nossa cruz. "E estarei com você com meu Perpétuo Socorro". Ela vai dar-nos coragem para voltar nossa cabeça e contemplar nossa cruz e dizer com confiança, como o menino Jesus, "sim, Pai". Assim Maria é *Nosso Perpétuo Socorro*. Nunca nos abandona. Sempre nos apoia. Sempre é mãe. Sempre nos impulsiona a imitar seu Filho em sua obediência.

# 9
# Algumas conclusões

Tentamos nesta obra fortalecer nossa devoção a Maria. Fortalecer as devoções que sempre nos deixaram mais perto de Maria. Reconhecemos que também, às vezes, precisamos reavaliar se tal devoção está levando-nos para uma devoção adulta e comprometida com a Igreja e com o mundo e se tal devoção leva-nos para Cristo, o único Salvador.

Mostramos que, antes do Vaticano II, existiam certos exageros que precisavam de purificação, para se voltar a ter uma devoção mais autêntica, segundo as orientações dos Padres Conciliares, e, sobretudo, aceitar que Maria não é a "toda poderosa", nem substituta do próprio Deus. Se toda devoção mariana não terminar em Jesus Cristo, algo está errado e entramos nos famosos "exageros" do tempo pré-Vaticano. Maria é um caminho certo e seguro, mas que deve levar-nos a celebrar Deus.

O Concílio Vaticano II tentou colocar a devoção mariana na corrente da teologia e da tradição correta da Igreja. Maria foi mulher obediente, que participou livre e ativamente na história da Salvação. Ela foi uma peça importantíssima nessa história. Seu "sim" providenciou a vinda do Verbo de Deus, que se fez carne para nos salvar por meio de seu "sim" no Calvário.

Restaurou a ligação da teologia mariana com a tradição da Igreja, esquecida com os exageros introduzidos e apresentou certos "títulos" que devem e podem orientar-nos para que nossa devoção esteja em sintonia com os ensinamentos da Igreja. Maria é nossa "Advogada, Auxiliadora, Socorro e Medianeira". Todas essas características devem estar presentes, de uma maneira ou de outra, em nossas devoções marianas.

O Concílio também nos devolveu certos aspectos que ajudaram a recuperar nossa devoção mariana. Maria é uma mulher totalmente feminina. Não é uma figura sem emoções, sentimentos, medos, ou alguém que nunca sofreu tentações contra sua missão. Maria passou quase tudo que passamos, por isso pode compreender-nos e acolher. Por causa disso, Maria pode ser nossa grande intercessora diante de Deus, aquela que nos acolhe, porque entende bem o que estamos passando e sofrendo.

Sobretudo, Maria é nossa mãe. Desde o Batismo, recebemos de Deus-Pai o dom da maternidade de Maria; como se diz, "mãe é mãe". Não precisamos dizer mais nada. Em nossas dificuldades, problemas e até como pecadores podemos buscar nossa mãe para interceder por nós. Maria não faz milagres, mas fica diante de seu filho Jesus e do Pai em uma intercessão incessante. Podemos confiar nessa intercessão.

Tentamos também rezar alguns títulos de Maria, como pistas para facilitar nossas devoções marianas. Cada um talvez tenha seu título favorito, que mais o toca e mais lhe fala, e deve apelar para esse título quando vêm os contratempos da vida. Mas também devemos acolher todos os seus "títulos", para buscar e experimentar a bondade de Maria, a cheia de graça.

Deixamos um capítulo para nossos religiosos e consagrados, para que cada vez mais Maria seja sua mãe e modelo. Que a vida consagrada de Maria nos inspire e impulsione para a conversão e para um papel mais profético na Igreja.

Finalmente, tentamos dar uma explicação orante do ícone do Perpétuo Socorro, com sua mensagem de esperança dian-

## 9 • Algumas conclusões

te das cruzes em nossa vida. Maria nunca tira seus olhos de nós e sempre nos dirige para seu Filho amado, a fonte de graça. Espero que essa explicação possa ajudar outros a buscar o amor, o carinho e o perpétuo socorro dessa nossa mãe.

Se esse livro ajudou qualquer um a aumentar sua fé e sua confiança em Maria, então valeu todo esse esforço. Mãe do Perpétuo Socorro, rogai por nós.

# Índice

Introdução | 5

1. Devoção Mariana antes do Concílio Vaticano II | 7
2. O que havia de errado na
Devoção Mariana antes do Vaticano II | 13
3. A Devoção Mariana depois do Concílio Vaticano II | 19
4. Características da Devoção Mariana | 27
5. Algumas Devoções Marianas revistas | 33
6. Rezemos alguns títulos de Maria | 41
7. Maria, modelo dos religiosos | 57
8. Contemplação do Ícone de Maria,
mãe do Perpétuo Socorro | 67
9. Algumas conclusões | 83

**FSC**
www.fsc.org
**MISTO**
Papel produzido a partir de fontes responsáveis
FSC® C132240

A marca FSC® é a garantia de que a madeira utilizada na fabricação do papel deste livro provém de florestas que foram gerenciadas de maneira ambientalmente correta, socialmente justa e economicamente viável.

Este livro foi composto com as famílias tipográficas AvantGarde, Calibri, Times New Roman e Trebuchet e impresso em papel Offset 75g/m² pela **Gráfica Santuário.**